Samuel Zwingli

330 Unterschiede:
suchen, finden, weiterdenken

Fehlersuchbilder mit weiterführenden Materialien zu Lehrplanthemen

Mit Kopiervorlagen

9783403063711

Gedruckt auf umweltbewusst gefertigtem, chlorfrei gebleichtem
und alterungsbeständigem Papier.

4. Auflage 2018
Nach den seit 2006 amtlich gültigen Regelungen der Rechtschreibung

Satz: Fotosatz H. Buck, Kumhausen
Druck und Bindung: Esser printSolutions GmbH
ISBN 978-3-403-**06371**-1

www.auer-verlag.de

Inhaltsverzeichnis

Einleitung

Fehlersuchbilder sind bei den meisten Kindern sehr beliebt. Nutzen wir diese Tatsache für den Unterricht aus! Am besten legt man sich eine Sammlung von geeigneten Bildern an. Oft aber finden wir nur witzige Zeichnungen oder Bilder aus der Erwachsenenwelt. Da bleibt uns dann nichts anderes übrig, als selbst aktiv zu werden. Dank Scanner und Computer ist es heute einfach, eine Zeichnung professionell zu verändern. Oder aber Sie werden in dieser Sammlung fündig!

Zu jedem Bildpaar ist auf der Rückseite die Lösung abgebildet. Darunter stehen

- ergänzende Informationen
- Wörtersammlungen
- Zusatzaufgaben
- Anregungen für Arbeitsblätter

Verwendung der Bilder

Das Suchen von Unterschieden verlangt von den Kindern folgende Fähigkeiten:

- Konzentration
- Ausdauer
- ein gutes optisches Differenzierungsvermögen
- Merkfähigkeit

Auch eine gewisse Frustrationstoleranz muss vorhanden sein, müssen die Kinder doch manchmal lange Zeit vergebens nach dem letzten Fehler suchen.

Ablauf: Möglichkeiten

- Zunächst zeigen wir den Kindern auf einer Folie nur das Original. Sie äußern sich frei dazu und benutzen dabei die Wörter, die sie nachher auch bei der schriftlichen Arbeit benötigen. Je nach Stand der Klasse schreiben wir wichtige Schlüsselwörter an die Wandtafel.
- Kleine Gruppen von Schülerinnen und Schüler schreiben auf einem vergrößerten Bild alle Dinge (Gegenstände, Tiere usw.) an. Sie benutzen dazu ein Wörterbuch oder ein passendes Lexikon.
- Jedes Kind beschreibt ein Ding, ohne dessen Namen zu nennen: „Mein Ding hat vier Räder. Es fährt auf Schienen. Die Schienen sind in einer Straße eingebaut.“ Die anderen Kinder finden heraus, was es ist.
- Zwei Kinder suchen gemeinsam nach den zehn Fehlern. Wer einen gefunden hat, markiert ihn mit der eigenen Farbe. Wer mehr Fehler findet, hat gewonnen.
- Wenn alle Fehler gefunden sind, erfinden die Kinder dazu ein Spiel (z. B. Kartenspiel, Würfelspiel).
- Jedes Kind (oder jede Gruppe) erarbeitet zu einem Gegenstand oder Tier auf dem Bild einen Kurzvortrag.
- Die Kinder lernen, am Computer (oder mit Kopien und Tippex) selbst Unterschiedbilder herzustellen. Sie gestalten zum aktuellen Sachthema ein eigenes Arbeitsblatt.
- Zwei Kinder erfinden ein Gespräch zwischen einem originalen und einem veränderten Gegenstand oder Tier. Dabei kann es darum gehen, wer wohl richtig dargestellt ist, wer besser aussieht, wer etwas besser tun kann usw. Das Gespräch kann den andern Kindern vorgespielt oder als Theaterszene aufgeschrieben werden. Auch eine Tonbandaufnahme ist möglich.

Arbeitsblätter

Die Kinder erhalten den Auftrag, nach den zehn Fehlern auf der Fälschung zu suchen. Sie werden mit einem kleinen roten Kreis markiert.

Für schriftliche Arbeiten steht die Vorlage (Seite 6) zur Verfügung. Sie kann für folgende Arbeiten eingesetzt werden.

Die sprachliche Verarbeitung muss dem Alter der Kinder angepasst werden:

- Schreiben der Namen der veränderten Dinge.
- Beschreiben der Fehler mit ganzen Sätzen:
  Der Indianer hat eine Augenbraue.
  Dem Lama fehlt ein Hinterbein …
- Nennen der Veränderungen mit einem Genitiv:
  die Nase des Mannes,
  die Flosse des Delfins …
- Zum Namen des veränderten Dinges müssen Reimwörter gesucht werden.

Wir lassen die Kinder eine kleine Geschichte zum Bild erfinden:
Rotkäppchen entdeckt die langen blonden Haare, die vom Turmfenster herunter hängen. Leise schleicht es sich heran. Es zupft daran. „Aua!", schreit eine Stimme. Verwundert schaut Rotkäppchen nach oben …

Vor allem sollen die Kinder mit Freude an den Bildern arbeiten. Sie eignen sich auf keinen Fall für Prüfungen oder Tests.

10 Unterschiede

10 Unterschiede: Märchen

Original

Fälschung

Märchen

Hinweise

Die folgenden Märchen kommen vor:

Frau Holle, Dornröschen, Die sieben Raben, Schneewittchen und die sieben Zwerge, Rapunzel, Die Bremer Stadtmusikanten, Hänsel und Gretel, Tischlein deck dich, Der Wettlauf zwischen dem Hasen und dem Igel, Rumpelstilzchen, Rotkäppchen, Der Froschkönig.

Sätze zuordnen

Aus welchem Märchen stammen die folgenden Sätze?

Die Königstochter soll sich an einer Spindel stechen und tot hinfallen.
Gott gebe, unser Schwesterlein wäre da, so wären wir erlöst.
Spieglein, Spieglein an der Wand, wer ist die Schönste im ganzen Land?
Ist das die Leiter, auf der man hinaufkommt, so will ich auch einmal mein Glück versuchen.
Was ist dir in die Quere gekommen, alter Bartputzer?
Der Wind, der Wind, das himmlische Kind.
Ich bin so satt, ich mag kein Blatt: meh! meh!
Ich bin schon da!
Das hat dir der Teufel gesagt! Das hat dir der Teufel gesagt!
Dass ich dich besser fressen kann!

10 Unterschiede: Hexenhaus

Fälschung

Original

Hexenhaus

Die wahre Geschichte von Hänsel und Gretel

Ein junges Mädchen aus Wernigerode kam mit zwölf Jahren ins Kloster nach Quedlinburg. Ihr Name war Katharina Schladerer. In der Klosterküche erlernte das Mädchen von einer alten Nonne das Lebkuchenbacken nach dem besonderen Rezept dieser alten Küchenschwester. Als diese starb, vermachte sie Katharina das Rezept.

Diese zog ein paar Jahre später nach Nürnberg, um dort eine Lebkuchenbäckerei zu eröffnen. Bald waren ihre Bäckereien im weiteren Umkreis bekannt. Ein Nürnberger Bäcker mit Namen Hans Metzger interessierte sich für das Rezept von Katharina Schladerer. Aber sie verriet es ihm nicht. Da machte er ihr einen Heiratsantrag, um es zu erfahren. Doch darauf ging das Mädchen nicht ein. Katharina wollte den Nachstellungen des Nürnberger Bäckers entgehen und zog in den Spessart. Im Wald versteckt baute sie einen Backofen und eine Hütte und von da an buk sie im Walde Lebkuchen.

Lange suchte Hans nach ihr. Er war inzwischen verheiratet. Seine Frau Grete begleitete ihn, als er im Spessart Katharina aufsuchte und erneut bedrängte, ihm das Rezept zu verraten. Das tat sie nicht. Da verfiel der Nürnberger Bäcker auf eine schändliche Idee: Er zeigte die Lebkuchenbäckerin als Hexe an. Sie kam ins Gefängnis. Ihr wurde der Prozess gemacht. Da sie aber gute Freunde bei Fürsten und in den Klöstern hatte, wurde sie freigesprochen. Sie begann wieder Lebkuchen zu backen. Gewarnt durch die Hartnäckigkeit des Hans vergrub sie ihr Rezept unter einem ihrer Backöfen. Schließlich reisten Hans und Grete in den Spessart. Als sie wiederum kein Glück hatten bei Katharina, brachten sie sie um und verbrannten sie in einem ihrer Backöfen. Das Rezept fanden sie aber nicht.

Um ihr Verbrechen zu vertuschen, verbreiteten sie überall im Spessart, dass die Schladerer doch eine Hexe gewesen sei und den Hans gefangen gehalten hätte, um ihn zu schlachten. Aber seine Frau Gretel hätte ihn befreit und die Hexe verbrannt.

So hörten es auch die Gebrüder Grimm, als sie auf der Suche nach Märchen durch den Spessart zogen und schrieben es mit eigenen Worten auf.

10 Unterschiede: Zauberwesen

Fälschung

Original

Zauberwesen

Information

Der **Zauberer** ist ein Mann, der allerlei geheime Künste beherrscht.

Der **Drache** ist ein Fabeltier, das Feuer spucken und fliegen kann. Der **Drachen** ist nur aus Papier.

Der **Werwolf** ist ein Mann, der sich nachts in einen reißenden Wolf verwandelt.

Der **Teufel** ist in den Märchen oft ein eher dummer Geselle mit Hörnern und Bocksfüßen.

Die **Hexe** ist eine Frau, die mehr kann als andere. Früher wurden Hexen verbrannt. Auf ihrem Besen sausen sie auf den Blocksberg zur Walpurgisnacht.

Das **Gespenst** geistert um Mitternacht in alten Häusern herum. Um eins ist der Spuk vorbei.

Der **Vampir** ist ein untoter Mensch, der in der Nacht erwacht und den Menschen das Blut aus den Adern saugt.

Eine **Elfe** ist ein Geist, der in unbewohnten Waldgebieten lebt.

Die **Nixe** ist eine Meerjungfrau. Sie lebt im Wasser. Von der Hüfte an ist sie ein Fisch.

Eine **Hellseherin** kann mit Hilfe einer Kristallkugel oder von Karten Dinge sehen, die andere nicht erkennen. Sie findet verlorene Dinge oder sagt die Zukunft voraus.

Ein **Monster** oder **Ungeheuer** ist ein schreckliches Wesen mit unheimlichen Kräften, das große Angst verbreitet.

Die **Fee** ist eine gütige Dame, die sich in Luft auflösen kann.

10 Unterschiede: Saurier

Original

Fälschung

Saurier

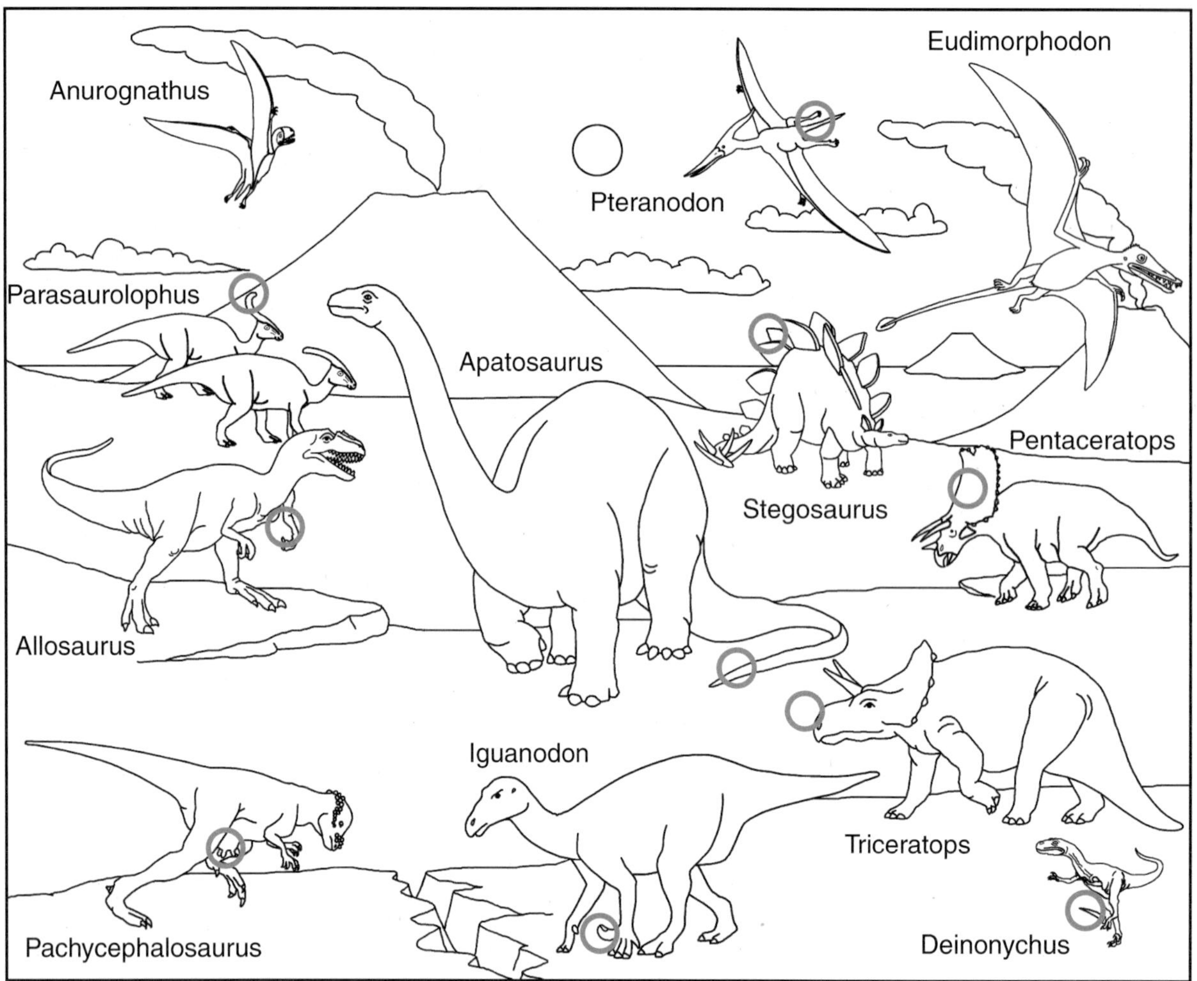

Wichtigste Daten der abgebildeten Saurier

Name	Übersetzung	Fundort	Grösse	Gewicht	Futter	Zeit
Allosaurus	Andere Echse	Tansania, USA	12 m	1–2 t	Saurier	Jura, vor 156–144 Mio. J.
Anurognathus	Schwanzlos-Kiefer	Deutschland	30 cm	50 cm	Insekten	Jura, vor 156–144 Mio. J.
Apatosaurus	Trugechse	USA	27 m	35 t	Pflanzen	Jura, vor 156–144 Mio. J.
Deinonychus	Schreckliche Kralle	Montana	2,5–3,5 m	50–70 kg	Saurier	Kreide, vor 119–97 Mio. J.
Eudimorphodon	Wahrer Zweiformzahn	Italien	70 cm	75 cm	Fische	Trias, vor 215 Mio. J.
Iguanodon	Leguanzahn	Europa, u.a.	10 m	4,5 t	Pflanzen	Kreide, vor 140–97 Mio. J.
Pachycephalo-saurus	Dickköpfige Echse	Alberta (Can)	5,5–8 m	1–2 t	Pflanzen, Früchte, Insekten	Kreide, vor 68–65 Mio. J.
Parasaurolophus	Echse mit anders-artigem Kamm	Alberta, Utah, New Mexico	10 m	5 t	Pflanzen	Kreide, vor 83–65 Mio. J.
Pentaceratops	Fünfhorngesicht	New Mexico	6 m	2,5 t	Pflanzen	Kreide, vor 70 Mio. J.
Pteranodon	Zahnloser Flieger	England, USA	1 m/7m	17 kg	Fische	Kreide, vor 70 Mio. J.
Stegosaurus	Dachechse	USA	9 m	2–3 t	Pflanzen	Jura, vor 156–144 Mio. J.

Fisch- und Flugsaurier sind keine Dinosaurier.
Viele der abgebildeten Saurier lebten nicht in den gleichen Zeiträumen.
Sie sind einander deshalb in Wirklichkeit auch nie begegnet.

10 Unterschiede: Vögel

Fälschung

Original

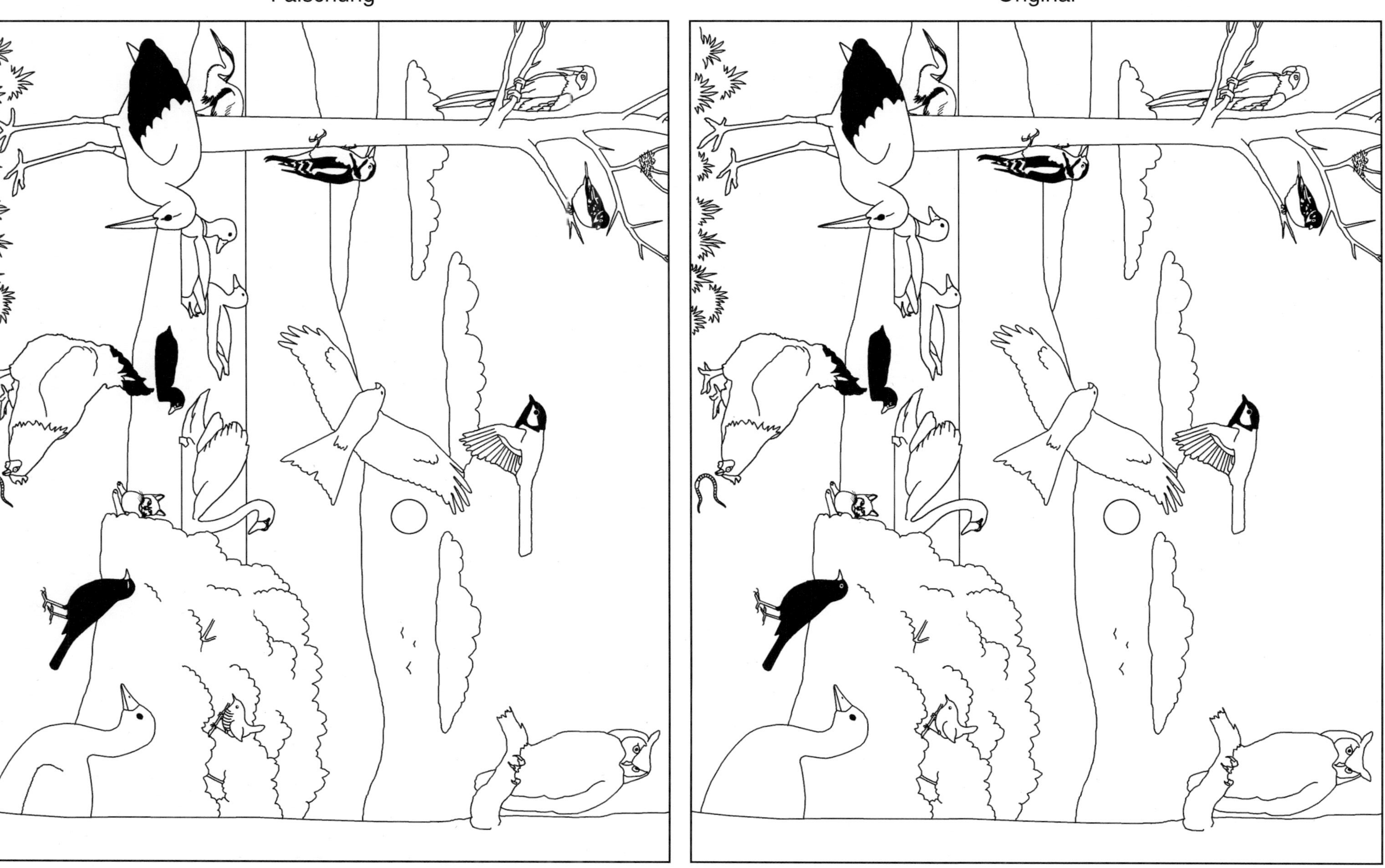

Vögel

Steckbriefe zu den abgebildeten Vögeln

Vogelart	Familie	Standort	Größe	Futter
Ara	Papageien	Exot	bis 100 cm	Palmfrüchte, Feigen, Beeren, Nüsse, Insekten
Feldspatz	Sperlinge	Jahresvogel	14 cm	Samen, Körner, Insekten, Larven
Kohlmeise	Meisen	Jahresvogel	14 cm	Insekten, Raupen, Läuse, Früchte
Uhu	Eulen	Jahresvogel	72 cm	kleine Säuger, Krähen, Frösche, große Käfer
Rotmilan	Greife	Jahresvogel	60 cm	kleine Säuger, Vögel, Frösche
Buntspecht	Spechte	Jahresvogel	23 cm	Käferlarven, Spinnen, Nüsse, Beeren, Obst, Samen
Graureiher	Reiher	Jahresvogel	90 cm	Fische, Frösche, Kleinsäuger, Reptilien, Schnecken
Stockente	Entenvögel	Jahresvogel	58 cm	Samen, Knospen und Triebe von Wasserpflanzen
Blesshuhn	Rallen	Jahresvogel	38 cm	Triebe, Wurzeln, Körner, kleine Fische, Kaulquappen
Höckerschwan	Entenvögel	Jahresvogel	152 cm	Wasserpflanzen, Samen, kleine Frösche und Fische
Zaunkönig	Zaunkönige	Jahresvogel	9,5 cm	kleine Insekten, Spinnen, Samen
Weißstorch	Störche	Zugvogel	102 cm	Mäuse, Eidechsen, Würmer, Frösche, Käfer, Grillen
Haushuhn	Hühnervögel	Haustier	je nach Rasse	Körner, Würmer, Insekten und sogar Mäuse
Amsel	Drosseln	Jahresvogel	25 cm	Insekten, Würmer, Beeren, Samen
Gans	Entenvögel	Haustier	ca. 80 cm	Gräser und Kräuter

10 Unterschiede: Schmetterlinge

Original

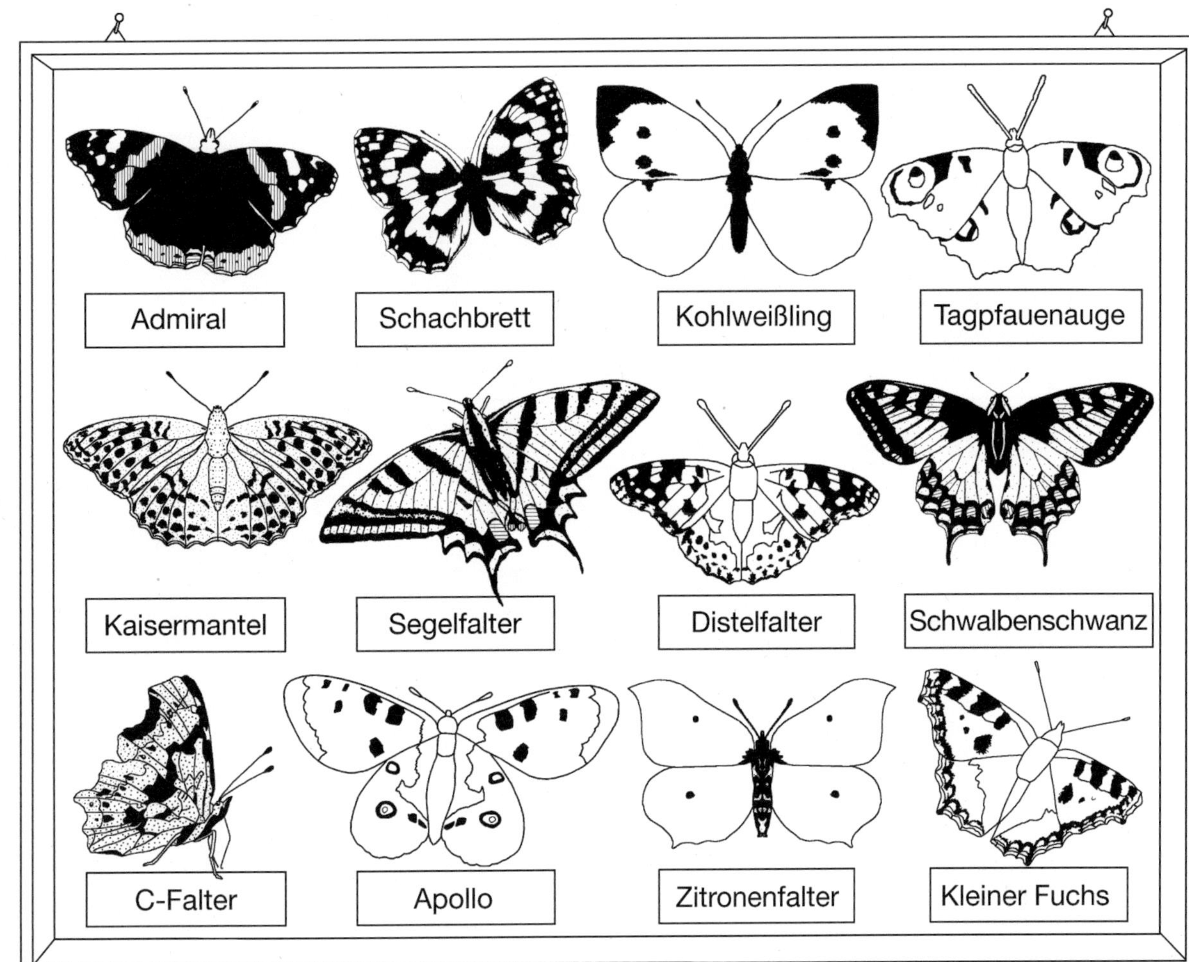

Fälschung

Schmetterlinge

Information

Name	Spannweite	Nahrung der Raupen	Überwinterung
Admiral	50–60 mm	Brennnesseln	im Süden (Zuzug von dort)
Apollo	60–90 mm	Mauerpfeffer	meist als Raupe in Eihülle
C-Falter	50–55 mm	Weiden, Ulmen, Brennnesseln	als Falter
Distelfalter	50–60 mm	Disteln, Brennnesseln	im Süden (Zuzug von dort)
Kaisermantel	60–80 mm	Veilchen	als Ei
Kleiner Fuchs	35–50 mm	Brennnesseln	als Falter
Kohlweißling	60–70 mm	Kohl	als Puppe
Schachbrett	40–50 mm	Gräser	als Raupe
Schwalbenschwanz	60–80 mm	Dill, Karottenkraut	als Puppe
Segelfalter	80 mm	Schlehen, Aprikosen	als Puppe
Tagpfauenauge	50–60 mm	Brennnesseln	als Falter
Zitronenfalter	50–60 mm	Faulbaum, Kreuzdorn	als Falter

10 Unterschiede: Hunde

Original

Fälschung

Hunde

Hunderekorde:

Kleinster Hund	Chihuahua	15 cm Schulterhöhe
Größter Hund	Irischer Wolfshund	85 cm Schulterhöhe
Schnellster Hund	Saluki	69 km/h
Haarloser Hund	Mexikanischer Nackthund	Nur an Stirn und Rutenspitze können kleine Haarbüschel stehen.
Beißkraft	Scotch Terrier	Er hat im Vergleich zu seiner Größe das kräftigste Gebiss.
Berühmtester Hund	Barry (Bernhardiner)	Er soll zwischen 1800 und 1812 mehr als 40 Menschen das Leben gerettet haben. Unterdessen sind viele Film- und Comichunde weltberühmt geworden.
Längste Fährte	Bluthund	230 km

10 Unterschiede: Tiere im Zoo

Original

Fälschung

Tiere im Zoo

Eigenschaften

____________________ stark, königlich, hellbraun, behaart

____________________ schwarz-weiß, schnell, scheu, gestreift, afrikanisch

____________________ gestreift, kräftig, gefährlich, asiatisch

____________________ gemächlich, ausdauernd, gepanzert

____________________ schwarz-weiß, selten, drollig, chinesisch

____________________ geflügelt, weiß, langhalsig, gefiedert

____________________ schnell, elegant, gehörnt, ängstlich, langbeinig

____________________ langsam, träge, südamerikanisch,

____________________ afrikanisch, selten, hinten gestreift, langbeinig, dunkelbraun

____________________ hellbraun, langschwänzig, aufrecht, kurzarmig, australisch

____________________ gefährlich, getupft, schnell, katzenartig, amerikanisch

____________________ am Schwanz gestreift, klein, bärenartig, braun, langnasig

Ameisenbär, Antilope, Faultier, Jaguar, Känguru, Löwe, Nasenbär, Nashorn, Okapi, Panda, Pelikan, Schildkröte, Tiger, Zebra

10 Unterschiede: Unterwasserwelt

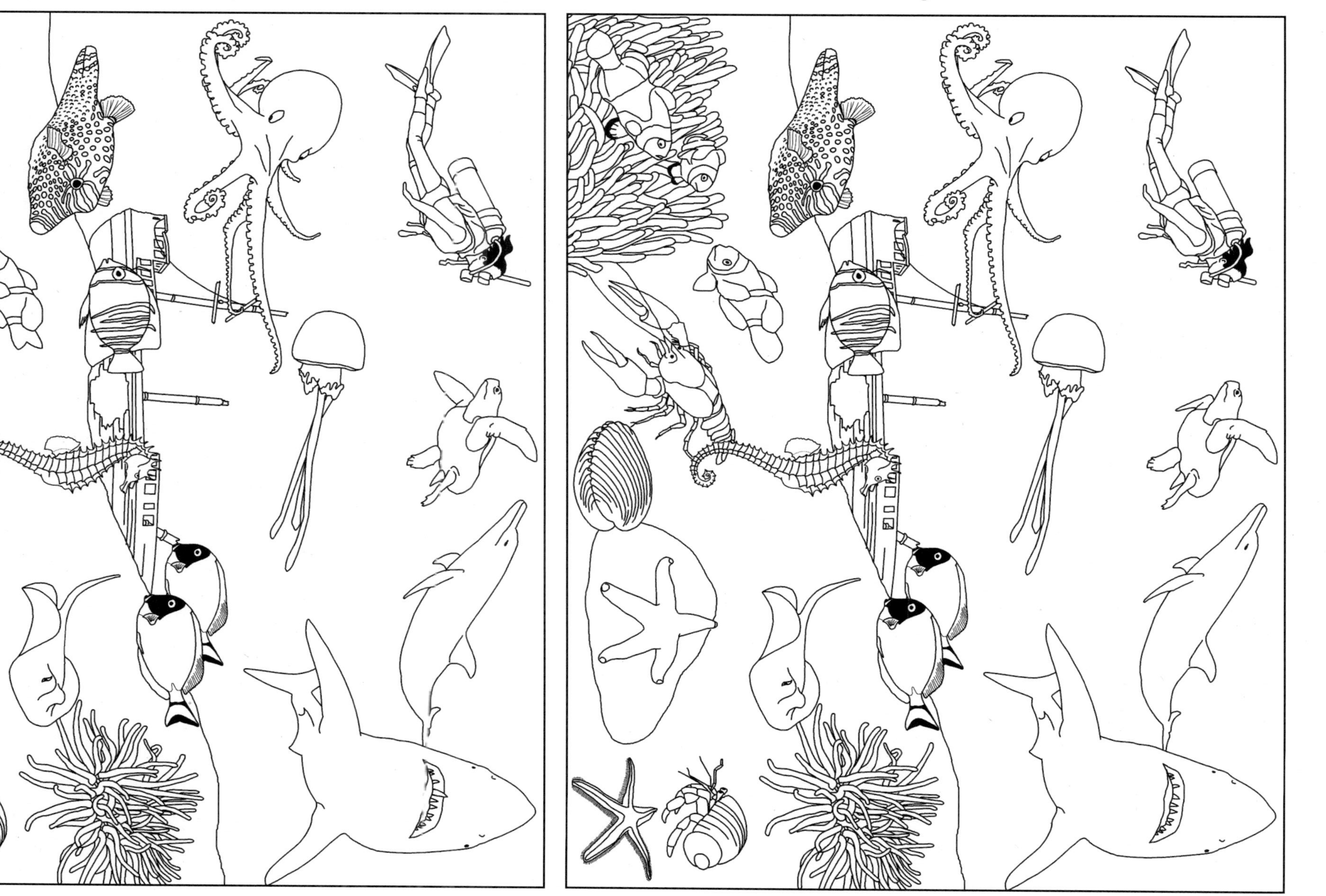

Unterwasserwelt

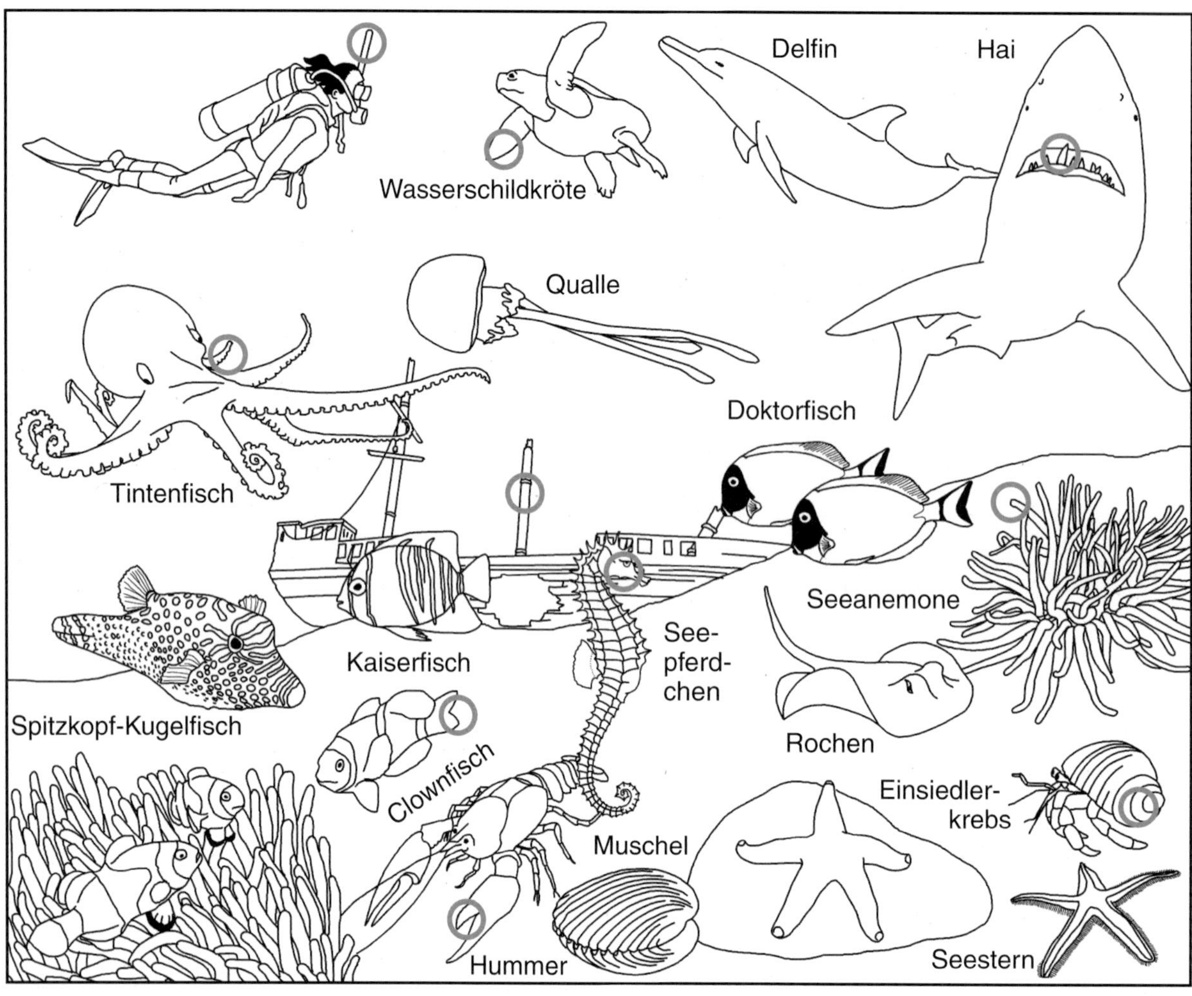

Hinweise zu den abgebildeten Tieren

Wasserschildkröten sind Reptilien (Echsen). Sie legen ihre Eier in den Sand von flachen Stränden.

Delfine sind Säugetiere mit ausgesprochen sozialem Verhalten. Sie sind sehr verspielt und intelligent.

Haie sind Raubfische. Es gibt rund 200 verschiedene Arten. Viele sind harmlos. Am gefährlichsten ist der Weißhai oder Menschenhai, der bis 12 m lang werden kann.

Tintenfische sind Kopffüßler. Die größten sind die Riesenkraken. Die Arme sind bis zu 5 m lang. Die Augen haben einen Durchmesser von 40 cm.

Quallen sind Nesseltiere. Manche Quallen können tödliche Vernesselungen auslösen. Sie bestehen zu 99% aus Wasser. Sie können sich mit pumpenden Bewegungen fortbewegen.

Der **Hummer** ist ein Krebs mit großen Scheren. Er lebt an allen Küsten Europas.

Der **Clownfisch** lebt in der Nähe oder auch in Seeanemonen. Alle Jungen kommen als Männchen zur Welt. Einige von ihnen entwickeln sich später zu Weibchen.

Rochen sind Knorpelfische. Sie besitzen einen abgeplatteten Körper. Die meisten Rochen ernähren sich von Muscheln, Krebsen und Stachelhäutern. Am bekanntesten dürfte der Mantarochen sein.

Seepferdchen sind Fische! Die Weibchen legen die Eier in die Bauchtasche des Männchens, das sie ausbrütet.

Einsiedlerkrebse benötigen ein leeres Schneckenhaus, um ihren Hinterleib gegen Feinde zu schützen.

Es gibt verschiedene **Seeanemonen**-Arten. Sie gehören zu den Hohltieren.

Seesterne sind Stachelhäuter. Sie fressen vor allem Muscheln, Schnecken und Seeigel. Abgetrennte Arme können wieder nachwachsen.

Doktorfische sind Knochenfische. Sie können bei Kämpfen in den Korallenriffen schnell ihre Farben wechseln.

Kugelfische gibt es in verschiedenen Farben und Formen. Sie können sich mit Wasser vollpumpen, so dass sie wie Kugeln aussehen.

Kaiserfische gibt es in vielen Arten. Im Bild schwimmt ein junger Engelfisch von der Westküste Amerikas.

Auch **Muscheln** gibt es in unzähligen Arten und Formen.

10 Unterschiede: Turnen in alter Zeit

Fälschung

Original

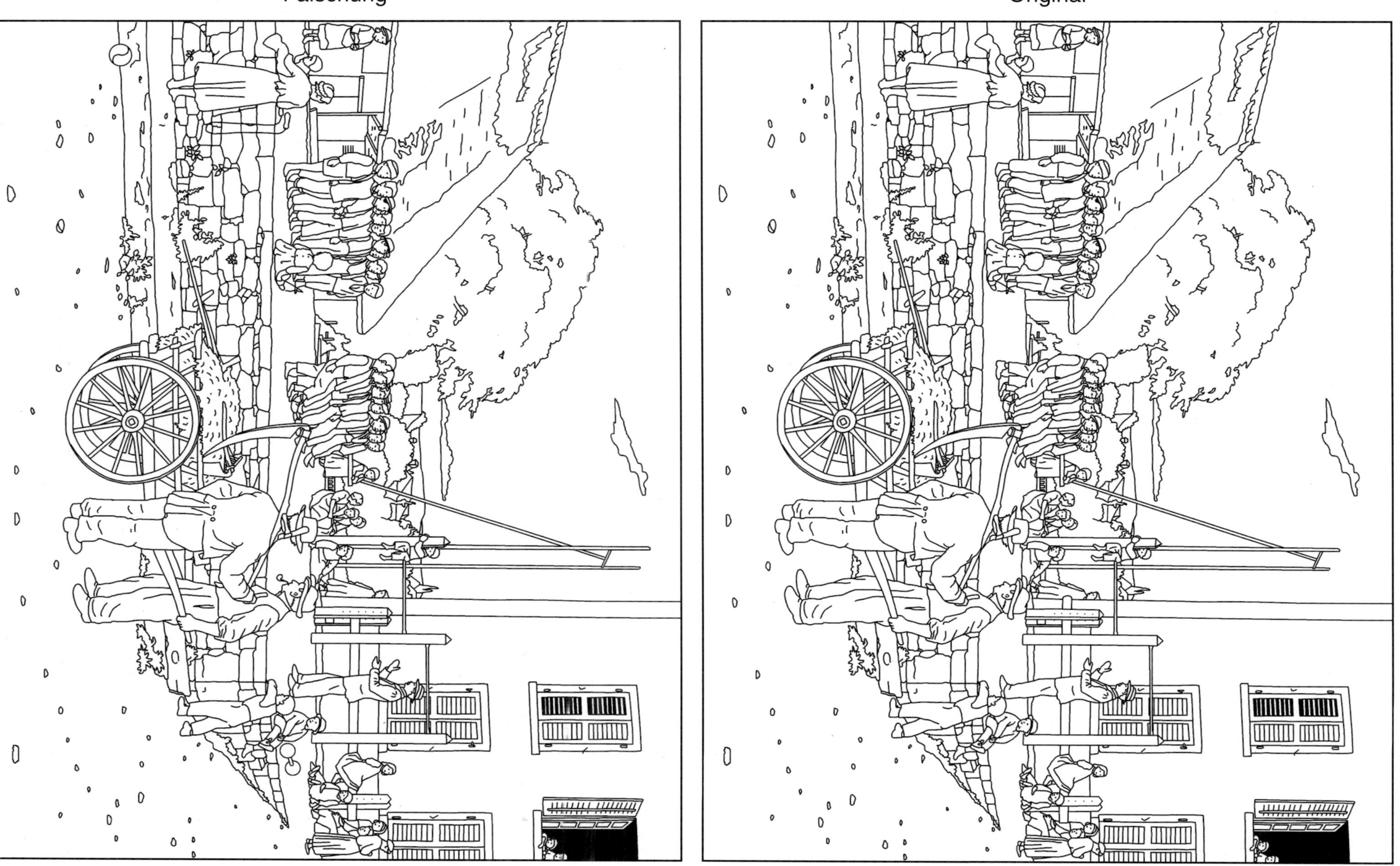

Turnen in alter Zeit

Hinweise

Die Zeichnung wurde nach einem Bild von Albert Anker erstellt.

Anker lebte von 1831 bis 1910. Nach der Matur und einem begonnenem Theologiestudium entschied er sich, Maler zu werden. Er zog nach Paris und reiste viel in Europa umher. Den Sommer verbrachte er meist in Ins (Geburts- und Sterbeort) im Berner Seeland, welches in der Schweiz liegt.

Sein Werk umfasst vor allem ländliche Genrebilder.

So war auch die Schule ein Thema für ihn:

Die Kinderkrippe, 1890
Kleinkinderschule auf der Kirchenfeldbrücke, 1900/01
Dorfschule von 1848, 1896
Die Turnstunde, 1879/80
Schulknabe mit Schiefertafel, 1875

Das Turnstundenbild kann gut für Schilderungen in der Vergangenheitsform eingesetzt werden:

Damals *wurden* noch keine Hanteln benutzt. Die Kinder *turnten* in den Straßenkleidern. Der Lehrer *zog* sich nicht um. Die Mädchen *schauten* nur zu. Die Väter *sprachen* über den Sinn des Turnunterrichts. Viele Knaben trugen Mützen beim Turnen. Sie standen in Reih und Glied.

10 Unterschiede: Auf dem Spielplatz

Fälschung

Original

Auf dem Spielplatz

Suchrätsel

1. Suche die 17 im Rechteck versteckten Spielsachen und Geräte und umfahre sie. Du findest sie alle auch im Bild.
2. Übermale die 9 übrig bleibenden Felder gelb.
4. Schreibe die übermalten Buchstaben der Reihe nach auf die Linie.
5. Lies das Lösungswort.

____

N	E	T	S	A	K	D	N	A	S	L
E	T	R	E	M	I	E	R	A	P	E
D	F	U	A	L	D	N	U	R	I	I
A	L	T	E	D	D	Y	M	P	E	T
S	L	S	C	H	A	U	F	E	L	E
I	A	C	E	P	P	I	W	P	H	R
L	B	H	E	L	Z	Z	U	P	A	T
A	R	E	C	H	E	N	O	U	U	L
P	D	R	E	I	R	A	D	P	S	E
L	I	R	O	T	K	A	R	T	N	Z

10 Unterschiede: Am Strand

Am Strand

Tätigkeiten am Strand

schwimmen, tauchen, schnorcheln, baden, planschen, spritzen, duschen, trocknen

sonnenbaden, eincremen, lesen, sich umziehen, sich bräunen, liegen, sitzen, faulenzen, dösen, schlafen, genießen, sich erholen, (Kraft, Energie) auftanken, schwitzen, frösteln

surfen, rudern, paddeln, segeln, Wasserski fahren, Wellen reiten, Motorboot fahren, (sich) treiben (lassen)

bummeln, laufen, joggen, wandern, waten, hüpfen, springen, rutschen, gleiten

Volleyball spielen, Frisbee werfen, Federball spielen, Wasserball spielen

(Sandburgen) bauen, schaufeln, formen, sieben, (sich) einbuddeln, graben, ausgraben

essen, trinken, lutschen, schlecken, knabbern, saugen, grillen

untergehen, sinken, versinken, ertrinken, retten, beatmen, Wasser schlucken, wiederbeleben

fischen, fangen, jagen, harpunieren, sammeln, suchen

fotografieren, filmen, aufnehmen, skizzieren, zeichnen, malen

10 Unterschiede: Wintersport

Original

Fälschung

SKI-
FLIEGEN

Wintersport

Wer hat das gesagt?

Verbinde.

„Ich stehe mit beiden Füßen auf einem Brett.“	•	•	Skispringer
„Mein Stein gleitet sanft über das Eis.“	•	•	Eishockeyspieler
„Toll! Schon wieder über 100 Meter weit geflogen!“	•	•	Snowboarderin
„Zu zweit ist es lustiger, in den Schnee zu kippen!“	•	•	Curlingspieler
„Dem luchse ich den Puck gleich wieder ab.“	•	•	Langläuferin
„Noch 10 Kilometer und ich bin am Ziel.“	•	•	Schlittenfahrerinnen
„Herrlich, wie mir die Pirouette gelungen ist!“	•	•	Bobschlittenfahrer
„Wo sind die Slalomstangen hingekommen?“	•	•	Skiliftfahrerin
„Zum Glück habe ich ein Lenkrad!“	•	•	Slalomfahrer
„Schau nach vorn, sonst fliegen wir raus!“	•	•	Eiskunstläuferin

10 Unterschiede: Weihnachten

Weihnachten

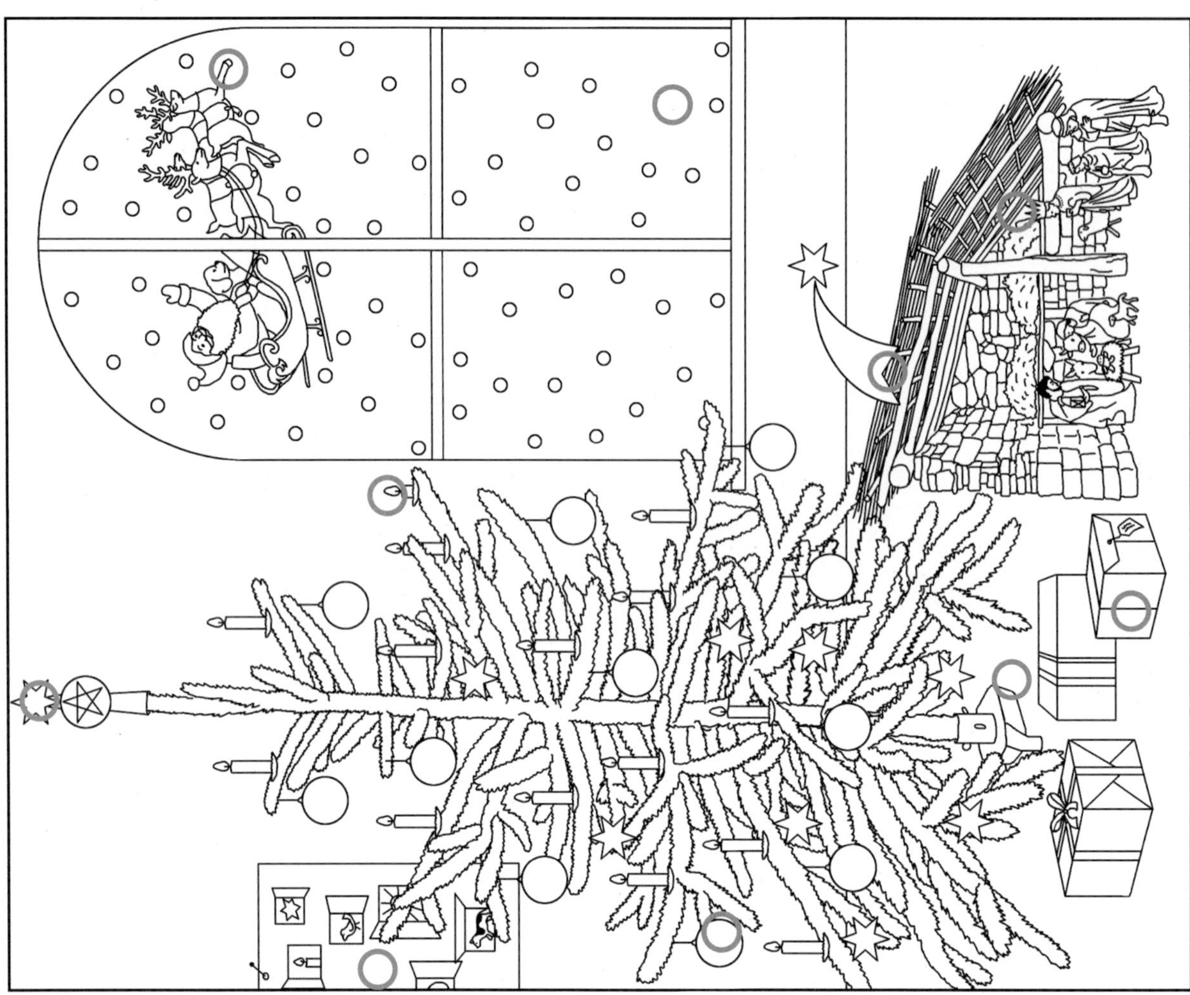

Religiöse Feste

Christlich

Weihnachten

Christi Geburt
25. Dezember

Karfreitag
Christi Tod
Freitag vor Ostern

Ostern

Christi Auferstehung
1. Sonntag nach Frühlingsvollmond

Christi Himmelfahrt
40 Tage nach Ostern

Pfingsten
Ausgießung der Heiligen Geistes
50 Tage nach Ostern

Neujahr
1. Januar

Dazu gesellen sich einige Feiertage der verschiedenen Konfessionen

Jüdisch

Passah-Fest

Auszug aus Ägypten
am 1. Frühlingsvollmond (7 Tage)

Schawu'oth (Wochenfest)
Empfang der 10 Gebote
50 Tage nach dem Passahfest

Chanukka

Einweihung des 2. Tempels
November/Dezember

Jom Kippur (Versöhnungstag)
Tag der Reue, Buße und Versöhnung
meist Anfang Oktober

Purim
Erinnerung an die Rettung durch Esther
Februar/März

Sukkot (Laubhüttenfest)
Erinnerung an die Wüstenwanderung
7–8 Tage im Herbst

Simchat Tora
Abschluss des Laubhüttenfestes
die Tora wird berührt und geküsst

Islamisch

Opferfest

Bereitschaft Abrahams, Isaak zu opfern, 10. Tag des Hadschmonats

Ramadan
Fastenmonat jährlich
10–11 Tage früher

Bairam (Fastenbrechen)

Ende der Fastenzeit
Kinder erhalten Geschenke

Hadsch
Pilgerfahrt zu den heiligen Stätten
im letzten Monat des Jahres

Freitagsgebet
jeden Freitagnachmittag

Der jüdische und islamische Kalender richtet sich nach dem Mondjahr. Es zählt deshalb nur rund 354 Tage.

10 Unterschiede: Indianer

Fälschung

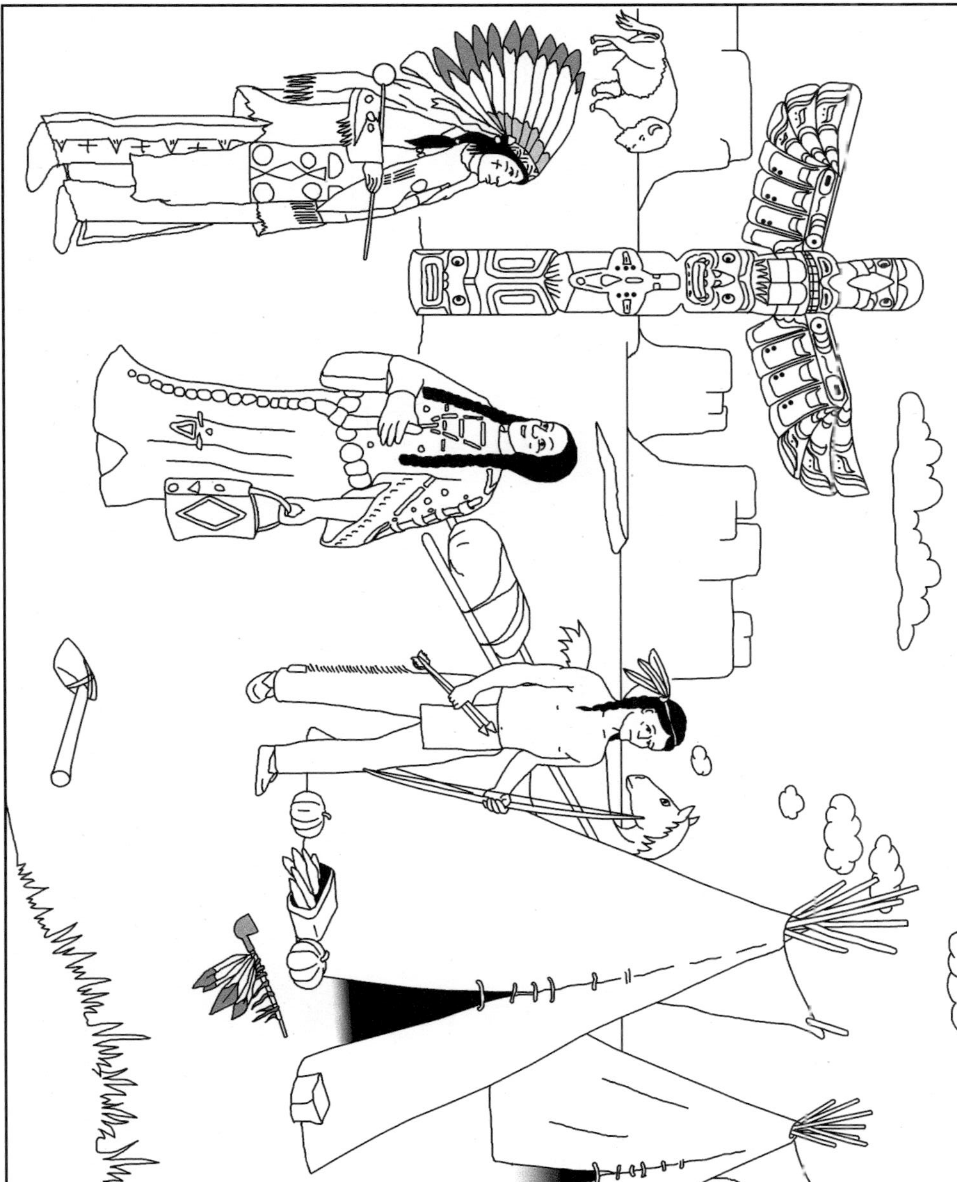

Original

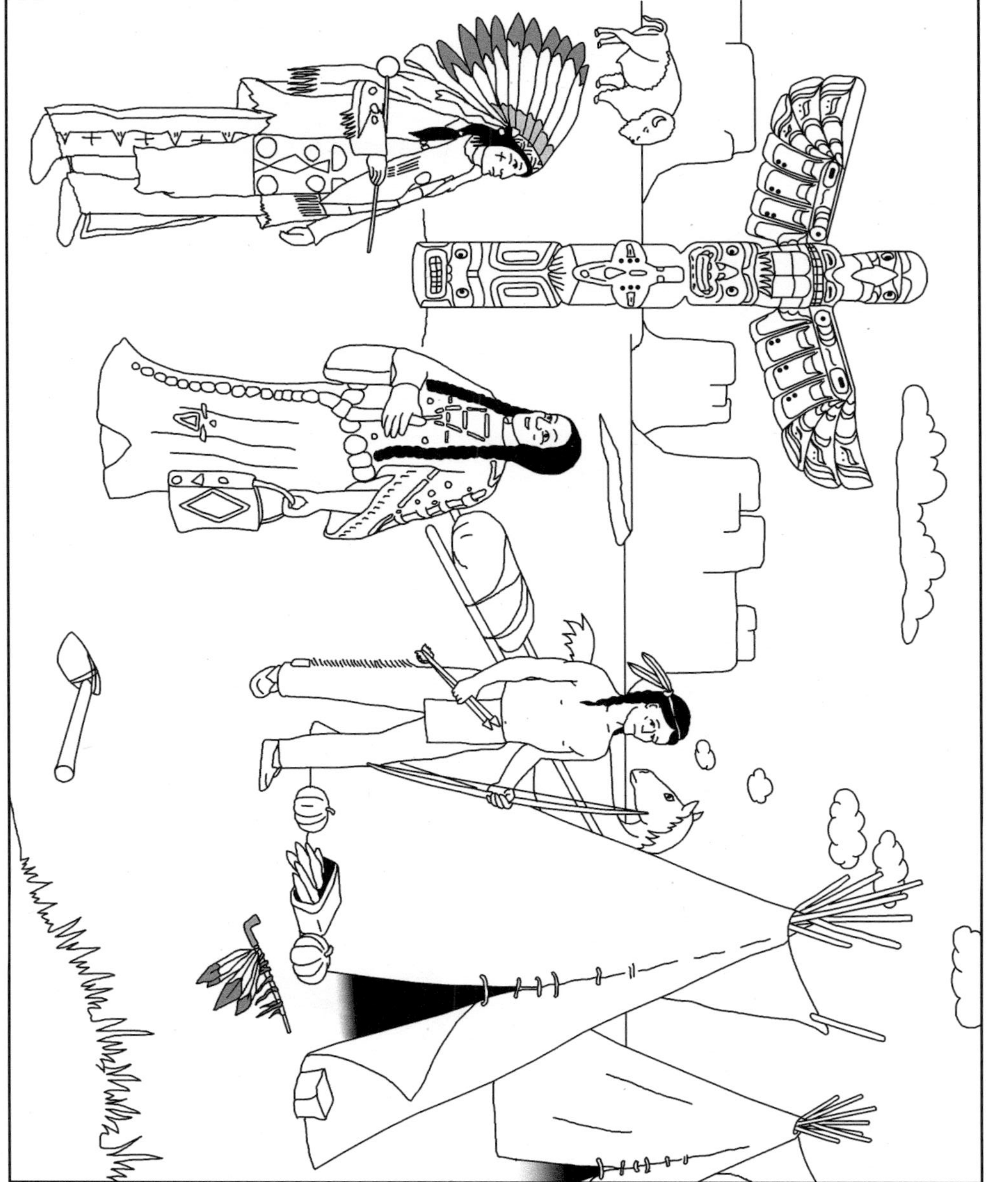

Indianer

Information

Ewige Jagdgründe: Der Begriff stammt von den Weißen. Die Ureinwohner Nordamerikas kannten nur die „Glücklichen Jagdgründe". Die Irokesen glaubten nicht, dass die Seelen in eine heile Welt wanderten, sondern dass diese als Schatten bei den Lebenden verweilten.

Kalumet: Die Friedenspfeife wurde früher „Heilige Pfeife" genannt und diente mehreren indianischen Völkern, wie zum Beispiel den Lakota-Indianern, zum Gebet.

Manitu: Gottheit. Die Algonkin-Indianer verstehen darunter eine unpersönliche, wirksame Kraft, die in allen Wesen, Dingen, Tätigkeiten und Erscheinungen enthalten ist.

Medizinmann: Sie sind religiöse Gestalten der Indianer und entsprechen den Schamanen.

Mokassin: Ein indianischer Halbschuh mit flacher Sohle, der ursprünglich aus weichem Hirsch- oder Reh-Leder gefertigt und meist mit Perlen oder Ornamenten verziert wurde.

Mustang: Wild lebendes Präriepferd.

Skalp: Die abgezogene Kopfhaut eines lebenden oder toten Feindes. Man stellte sich vor, dass von dem Skalp die Kräfte des Besiegten auf den Sieger übertragen werden.

Squaw: Indianische Frau. Der Begriff wird heute als rassistisch empfunden.

Tipi: Kegelförmiges Zelt mit Bisonleder.

Totem: Hilfsgeister, die durch das Leben begleiten. Sie sind Ahne, Schützer oder Helfer.

Wigwam: Indianerhütte oder -zelt, ähnlich wie ein Tipi, aber mit Grasmatten oder Schilfmatten bedeckt.

10 Unterschiede: Verkehr

Fälschung

Original

Verkehr

Suche die 15 Fahrzeuge.

Auto
Velo
Lastwagen
Bus
Tram
Car
Trottinett
Scooter
Bagger
Motorrad
Dreirad
Sattelschlepper
Kipper
Roller
Fahrrad

B	L	O	R	E	T	O	O	C	S	O	T	V	M	E
E	I	A	G	S	M	T	A	B	W	V	E	L	O	M
P	H	N	E	G	A	W	T	S	A	L	M	O	C	O
R	U	D	G	A	R	V	K	A	U	R	P	D	U	T
Z	N	A	N	A	T	F	A	H	R	R	A	D	D	O
G	I	E	U	X	R	U	G	A	R	R	O	C	R	R
S	A	T	T	E	L	S	C	H	L	E	P	P	E	R
A	O	I	P	T	E	U	H	U	M	L	G	N	I	A
Z	E	P	D	U	W	B	A	S	M	L	S	G	R	D
G	I	U	T	T	E	N	I	T	T	O	R	T	A	K
K	D	A	M	S	T	R	U	M	O	R	A	N	D	B

Zusatzinformation: Velo ist ein anderes Wort für Fahrrad.
Trottinett nennt man in der Schweiz einen Roller.

10 Unterschiede: Fahrrad

Original

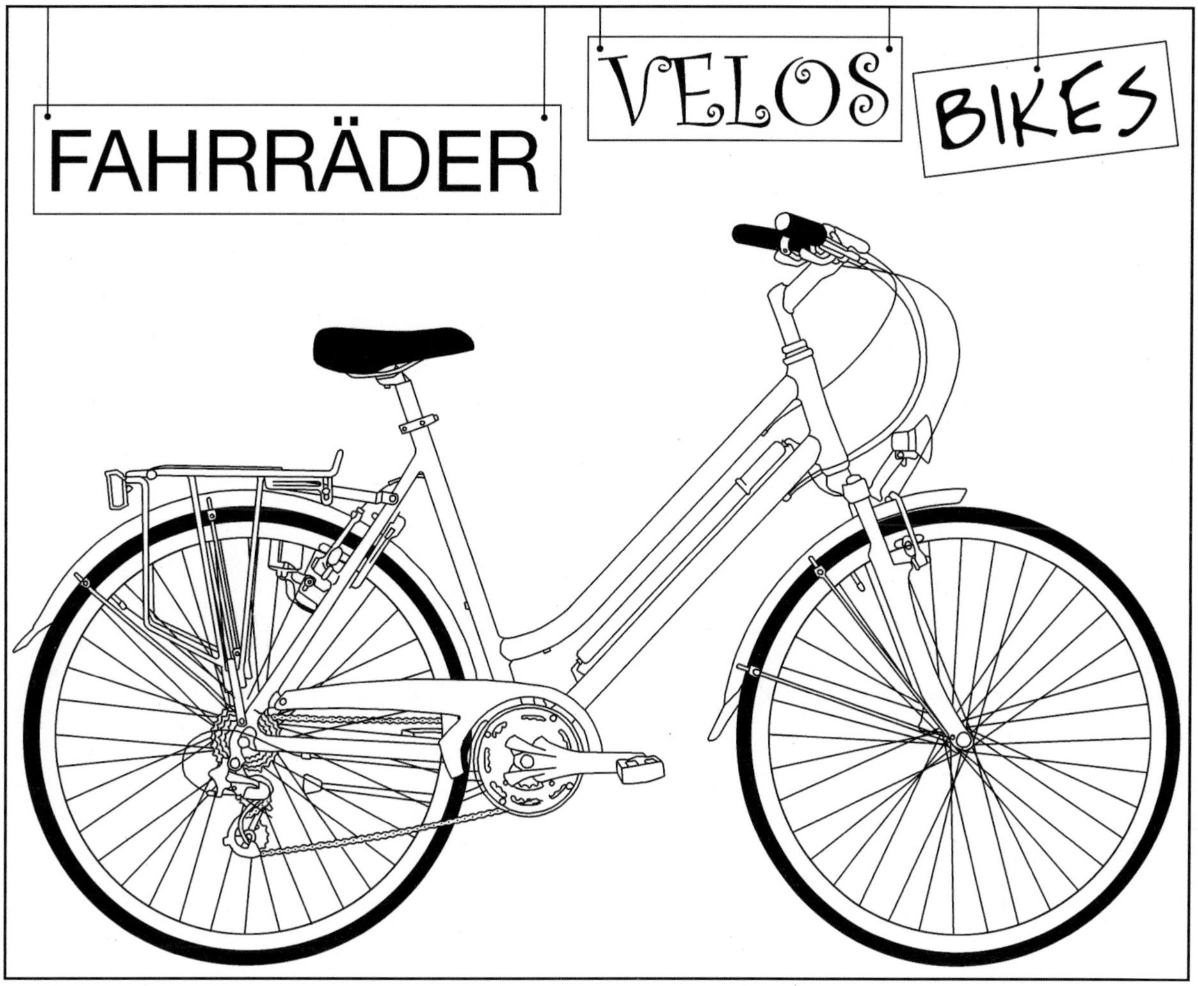
FAHRRÄDER
VELOS
BIKES

Fälschung

FAHRÄDER
VELOS
BIKES

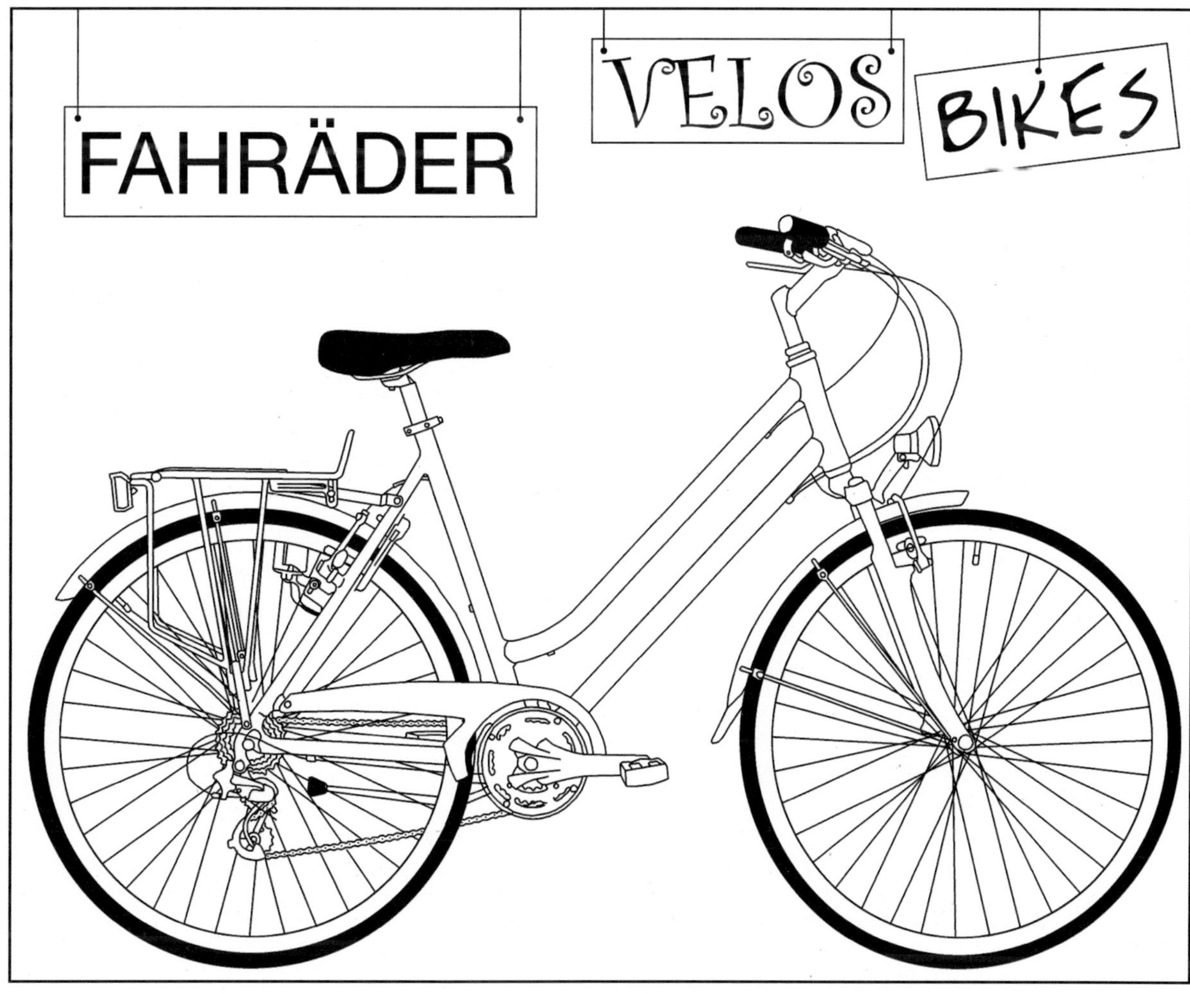

Fahrrad

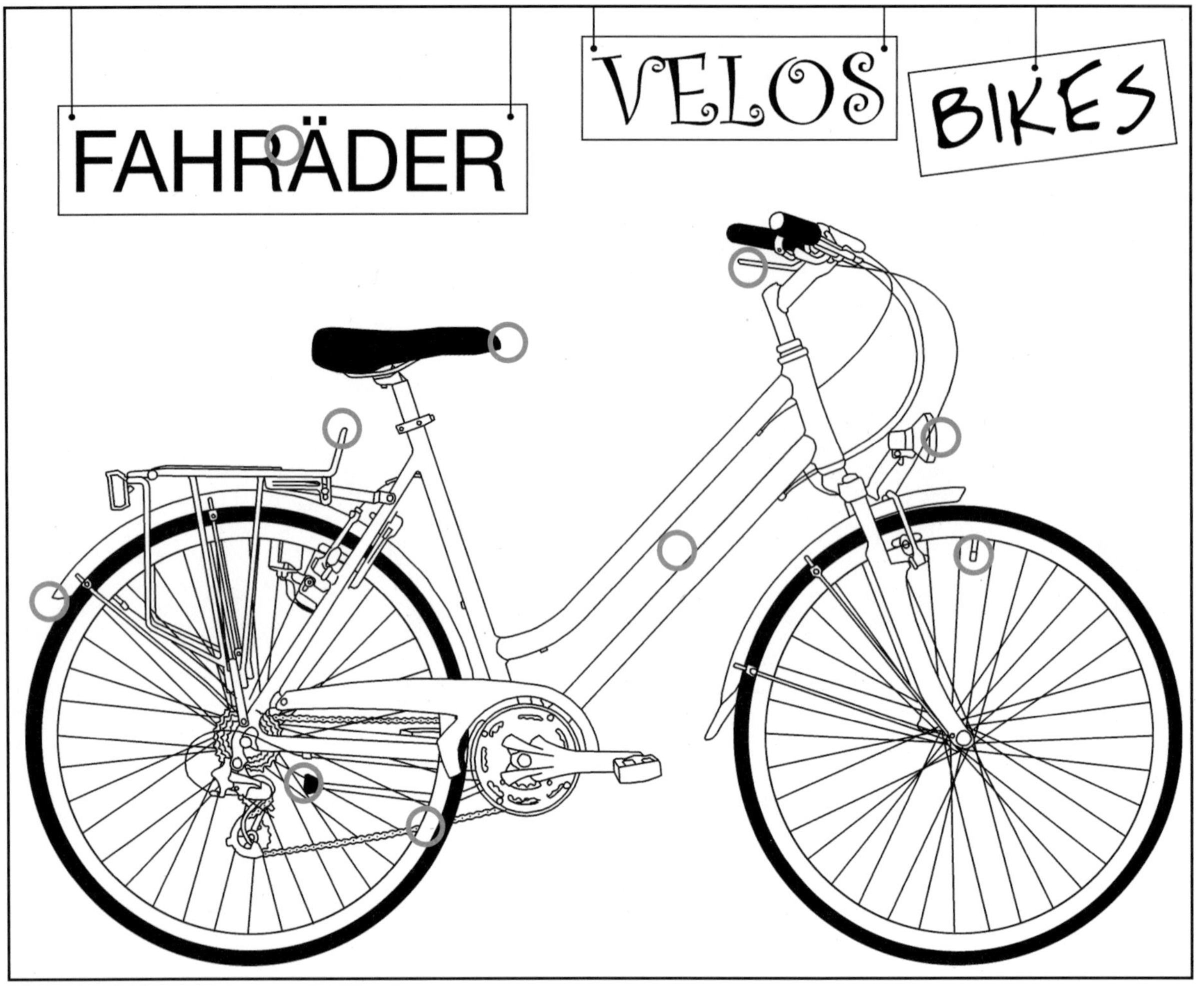

FAHRÄDER
VELOS
BIKES

Kleines Kreuzworträtsel

1 Ein Vogel, der das Rad schlägt.
2 Auf diesem Planeten fährst du Rad.
3 Darauf sitzt du beim Radeln.
4 Damit kannst du anhalten.
5 Das ist dein Zweirad.
6 Ein Vogel, der nicht fahren und nicht fliegen kann.
7 Hier geht die Luft in das Rad.
8 Das brauchst du in der Nacht.
9 Damit gibst du Luft in den Schlauch.
10 Es macht, dass du nicht vollgespritzt wirst.
11 Das ist das englische Zweirad.
12 Damit wird die Kraft übertragen.
13 Ein anderes Wort für den Reifen.

1
2
3
4
5
6
7
8
9
10
11
12
13

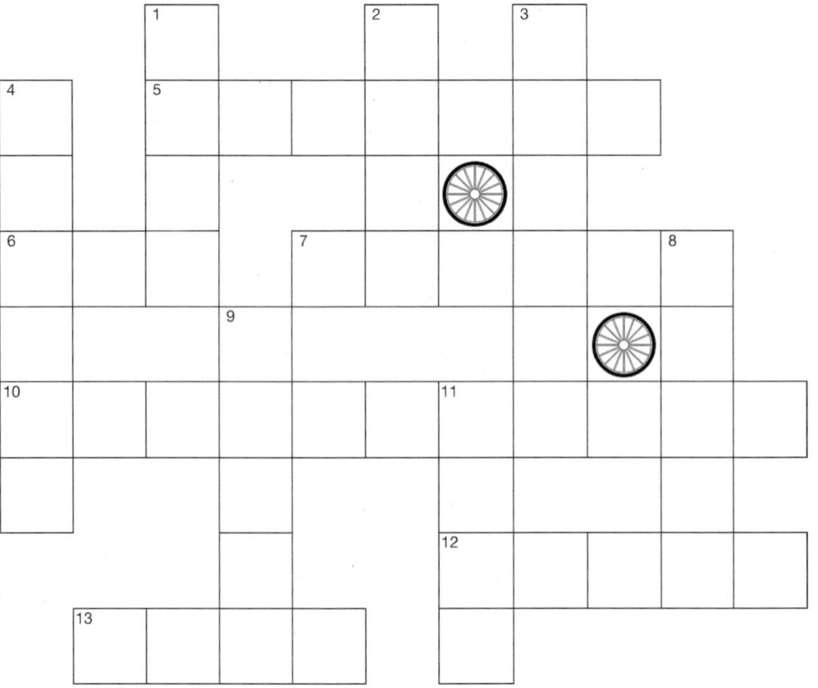

10 Unterschiede: Bahnhof

Original

Fälschung

Bahnhof

Riesenwörter

Lies die immer länger werdenden Wörter. Erfinde eigene Riesenwörter.

Eisen
Eisenbahn
Eisenbahnschienen
Eisenbahnschienennetz

Dampf
Dampflokomotiv
Dampflokomotivführer
Dampflokomotivführerlehrling

Bahn
Bahnhof
Bahnhofvorstand
Bahnhofvorstandsmütze

Fahr
Fahrleitung
Fahrleitungsbruch
Fahrleitungsbruchreparatur

Reise
Reisetaschen
Reisetaschenetiketten
Reisetaschenetikettenhülle

Pfeif
Pfeifsignal
Pfeifsignalinstrumente
Pfeifsignalinstrumentenhalterung

10 Unterschiede: Luftfahrt

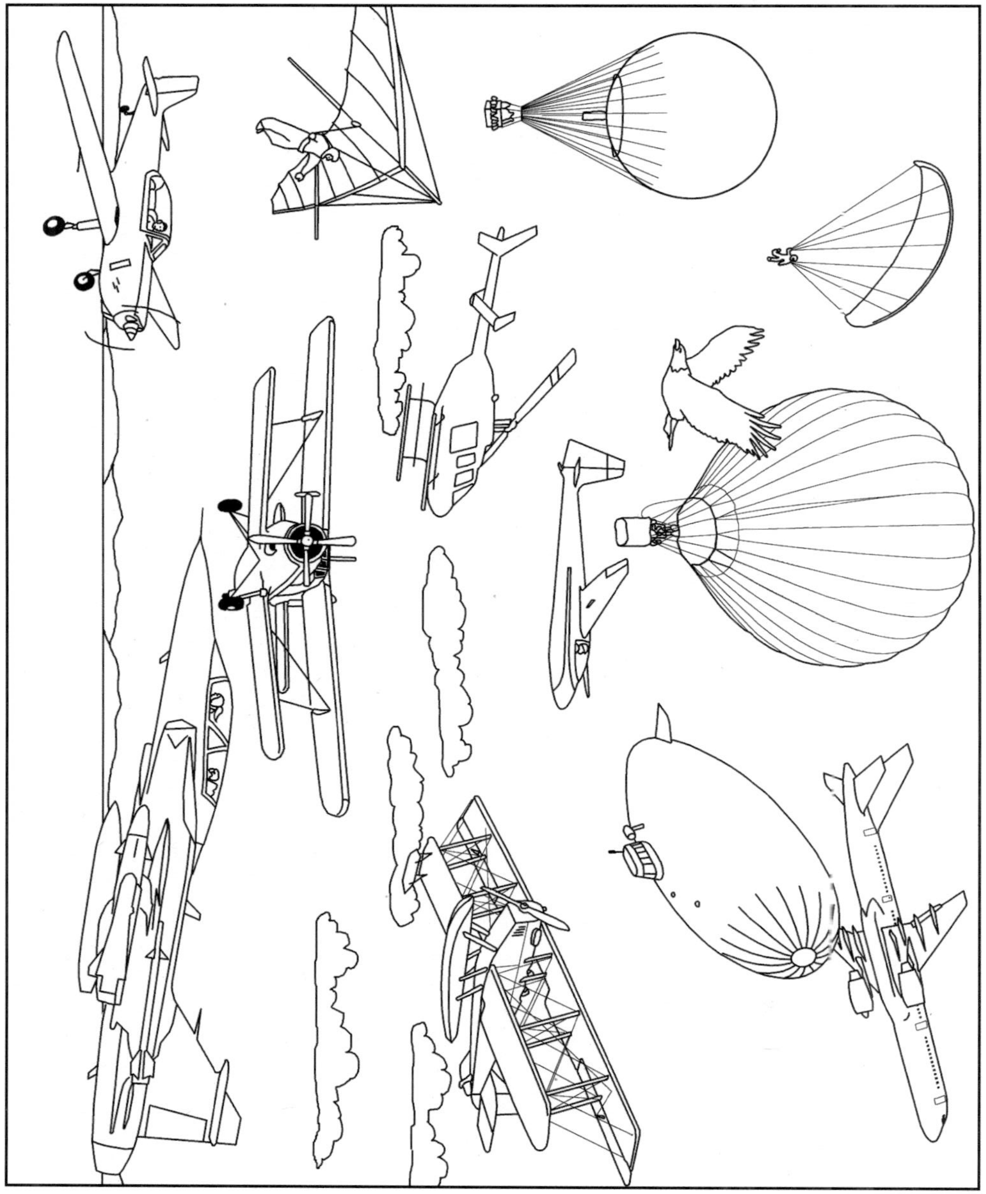

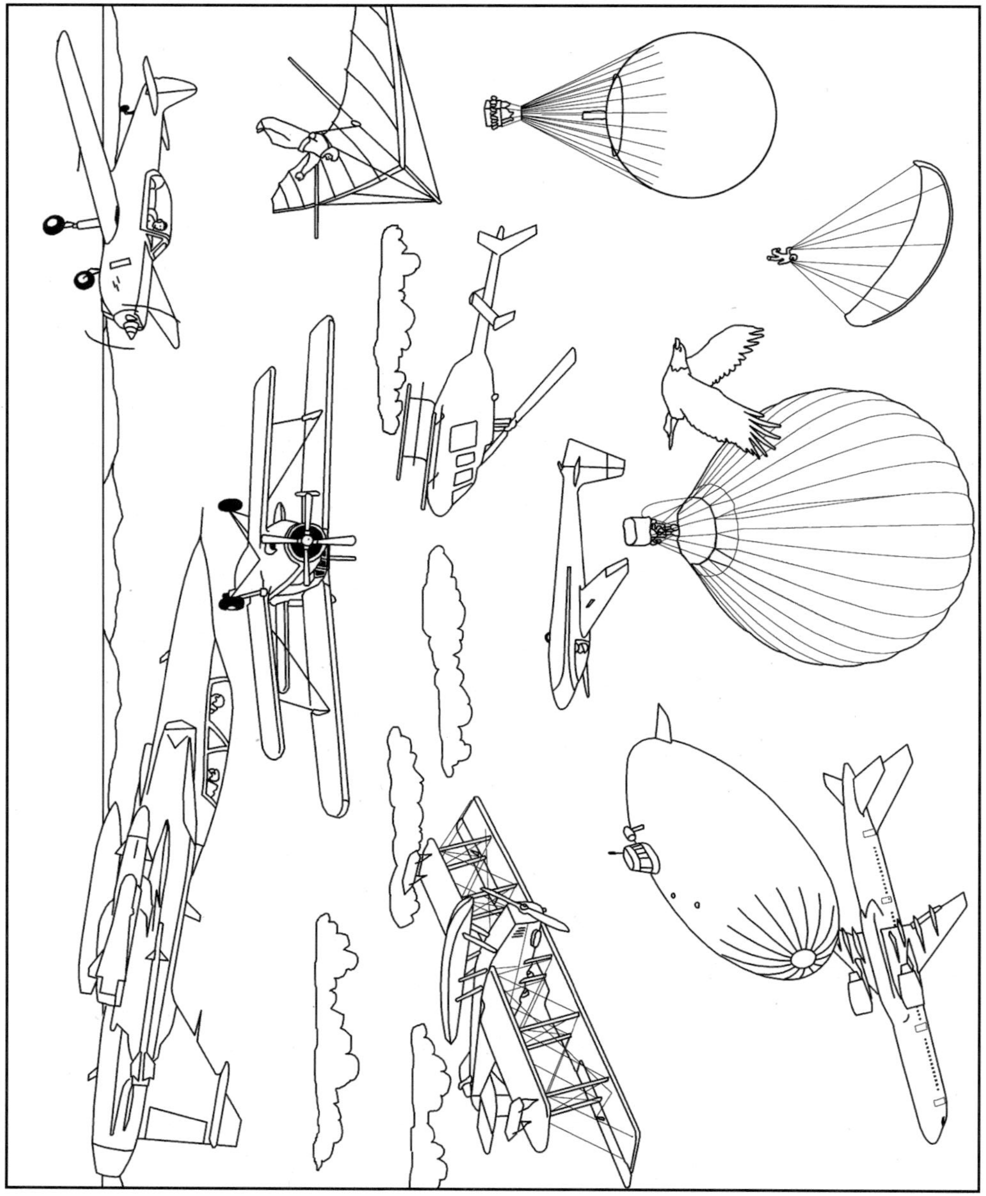

Original

Fälschung

Luftfahrt

Information

Gasballone	Die Hülle wird mit Helium gefüllt. Der Gasballon wird vom Wind getrieben. Ballone fliegen nicht, sie fahren.
Heißluftballone	Die Luft im Inneren der Hülle wird mit einem Brenner erhitzt.
Zeppeline	Die Luftschiffe sind längliche Ballone mit Antriebsmotoren und Steuerung.
Gleitschirme	Sie sind spezielle Fallschirme. Durch Ausnützen von Aufwinden bleiben sie lange in der Luft.
Deltasegler	Sie funktionieren wie Gleitschirme, aber die Flügel sind starr. Gestartet wird von Bergen aus.
Segelflugzeuge	Sie werden mit Motorwinden oder von Schleppflugzeugen hochgezogen und fliegen motorlos.
Verkehrsflugzeuge	Mit ihnen werden viele Reisende über große Entfernungen transportiert.
Helikopter	Sie können senkrecht starten und landen. Sie werden für viele Rettungseinsätze benötigt. Sie heißen auch Hubschrauber.
Wasserflugzeuge	Sie haben den Vorteil, dass sie auf dem Wasser starten und landen können.
Sportflugzeuge	Sie werden zur Schulung und für die Kunstfliegerei eingesetzt.
Doppeldecker	Sie haben übereinander liegende Flügel. So ist der Auftrieb besser.
Kampfflugzeuge	Sie sind sehr schnell. Mit ihrer Bewaffnung können sie im Krieg große Schäden anrichten.

10 Unterschiede: Auf dem Bauernhof

Original

Fälschung

Auf dem Bauernhof

Tierfamilien

Tierart	**Männchen**	**Weibchen**	**Junges**	**Besonderes**
Rind	Stier	Kuh	Kalb	Ochse (kastrierter Stier)
Pferd	Hengst	Stute	Fohlen, Füllen	Wallach (kastrierter Hengst)
Schwein	Eber	Sau	Ferkel	
Schaf	Schafbock, Widder	Schaf	Lamm	Hammel (kastrierter Schafbock)
Ziege	Bock	Zicke	Zicklein	
Huhn	Hahn	Henne	Küken	Glucke (brütende Henne)
Hund	Rüde	Hündin	Welpe	
Katze	Kater	Katze	Kätzchen	
Kaninchen	Rammler	Häsin	Häschen	
Gans	Gänserich, Ganter	Gans	Gössel, Gänseküken	

10 Unterschiede: Auf dem Bauplatz

Fälschung

Original

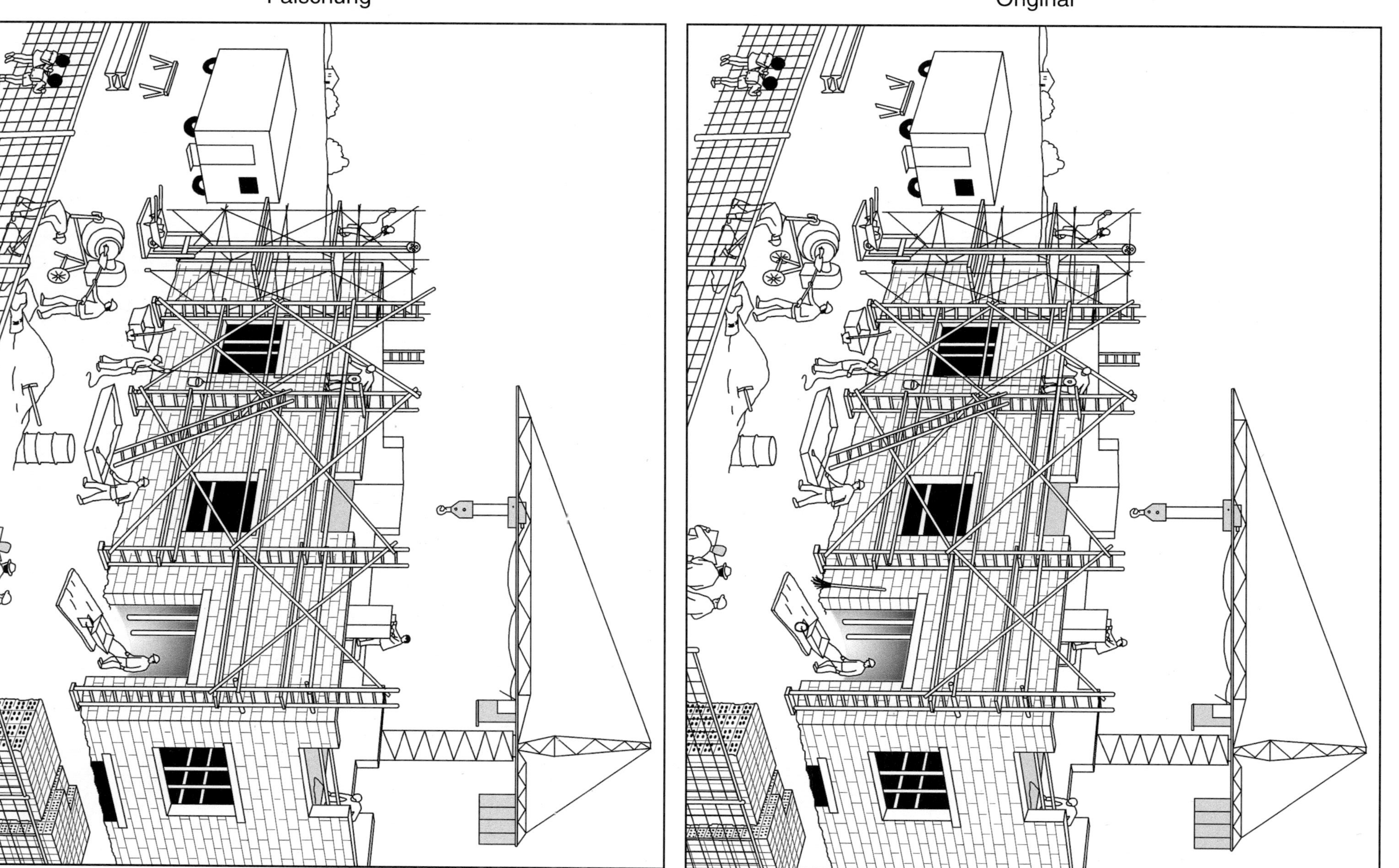

Auf dem Bauplatz

Ordne die Gebäude nach dem ABC.

Treibhaus	Wohnblock	Bahnhof	Kapelle
Münster	Alphütte	Stall	Chalet
Fabrik	Moschee	Motel	Palast
Bootshaus	Bauernhaus	Garage	Ferienhaus
Schloss	Strandhaus	Scheune	Weekendhaus
Burg	Mehrfamilienhaus	Einstellhalle	Blockhaus
Schulhaus	Hotel	Tempel	Hütte
Kirche	Dom	Wigwam	Einfamilienhaus
Iglu	Wolkenkratzer	Bungalow	Reihenhaus

10 Unterschiede: Gebäude

Original

Fälschung

Gebäude

Zusammengesetzte Nomen

Wörter in ihre Teile gliedern

Aussichtsturm, Bahnhof, Burgruine, Dachfenster, Fabrikkamin, Hochhaus, Hotelzimmer, Indianerzelt, Kirchturm, Königsschloss, Scheunentor, Schlossturm, Schneehütte, Sonnenuhr, Treppenhaus, Wohnblock, Wohnwagen, Wolkenkratzer

Wörter zusammensetzen (auch: lustige Formen finden)

Bahn, Dach, Eisen, Fenster, Glocken, Haus, Hotel, Hütte, Kirchen, Laden, Schiff, Schnee, Turm, Zimmer, (Fensterladen, Glockenturm …; Schneeladen, Bahnhütte, Hotelzelt …)

Wortketten bilden

Wohnblock – Blockhaus – Haustür – Türschloss – Schlossturm – Turmspitzen – Spitzentanz – Tanzschul(e) – Schulzimmer – Zimmerordnung – Ordnungsdienst – Dienstwagen – Wagenrad

Umkehrbare zusammengesetzte Nomen suchen

Hochhaus – haushoch, Türschloss – Schlosstür, Giebeldach – Dachgiebel, Reihenhaus – Hausreihen, Gartenblumen – Blumengarten, Hundehaus – Haushunde, Stangenbohne – Bohnenstange, Baumstamm – Stammbaum, Turmhotel – Hotelturm, Blockhaus – Hausblock

10 Unterschiede: Am Wasser

Fälschung

Original

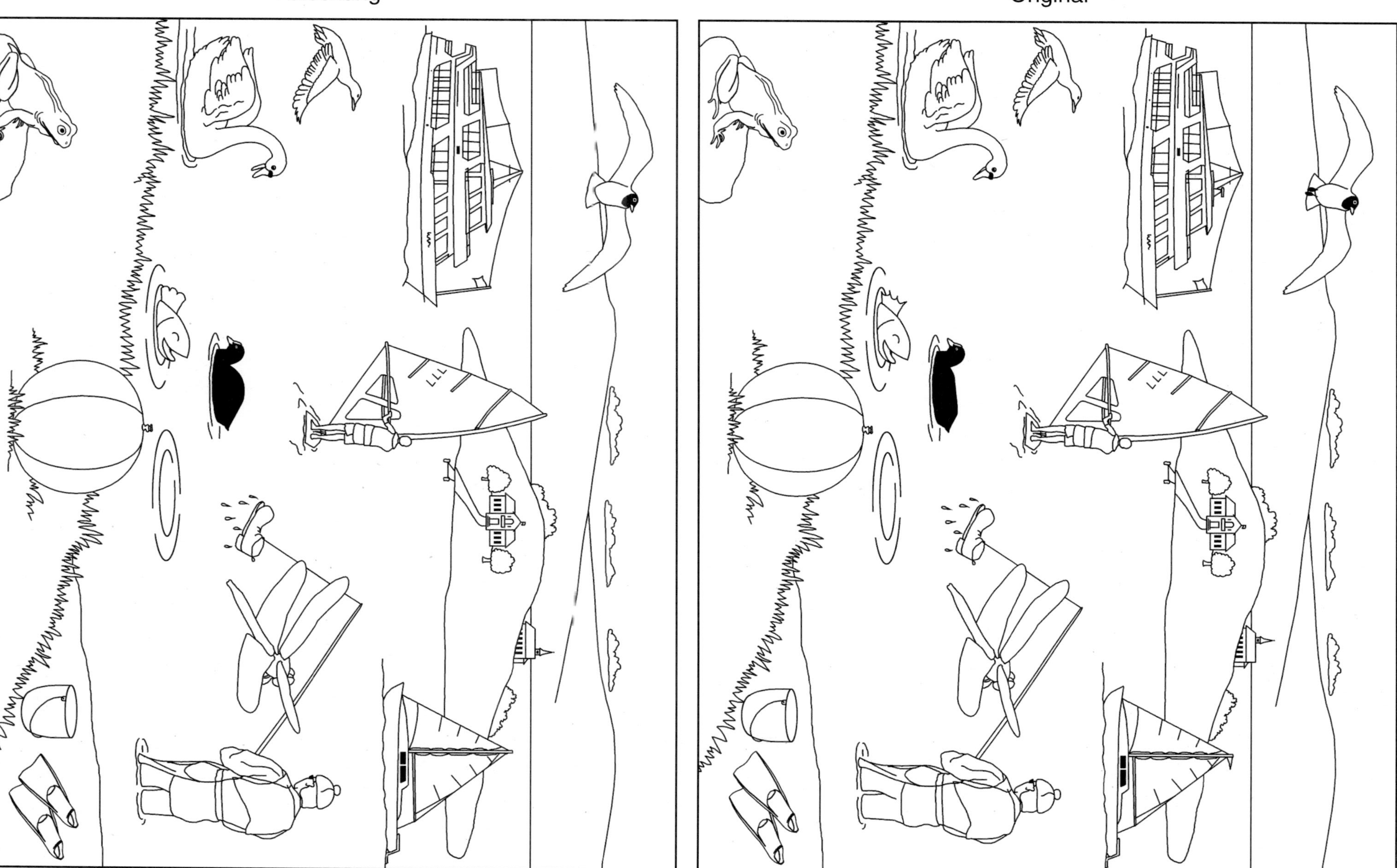

Am Wasser

Gewässer

Stehende Gewässer:

Salzwasser: Ozean, Meer, (die) See

Süßwasser: (der) See, Weiher, Teich, Tümpel, Stausee

Fließende Gewässer:

Quelle, Mündung, Strom, Fluss, Bach, Rinnsal, Kanal, Zufluss, Abfluss

Bewegungen der Wasseroberfläche:

Welle, Woge, Tsunami, Flutwelle, Springflut, Ebbe, Flut, Tiden (Gezeiten)

Verbauungen:

Wasserfall, Staumauer, Damm, Ufermauer (Kai), Hafen, Schleuse

Besondere Orte:

Ufer, Insel, Halbinsel, Furt (durchschreitbare Stelle im Fluss), Klippen, Bucht, Meerenge

10 Unterschiede: In der Wiese

Fälschung

Original

In der Wiese

Löwenzahn-Gedichte

Elise Vogel

Lichtlein auf der Wiese

Lichtlein auf der Wiese
blas ich alle aus,
und da fliegen Sternchen
in die Welt hinaus.
Schweben in der Sonne,
schweben auf und nieder.
Nächstes Jahr, zur Frühlingszeit,
gibt es neue Lichtlein wieder.
Doch vorerst, du wirst es sehn,
wird die Wiese, wird die Wiese,
ganz in Gold, in Golde stehn!

Samuel Zwingli

Löwenzähne

Löwenzahn,
nur Löwenzähne!
Keine Pranken!
Keine Mähne!
Stehen frech
um unser Haus.
Frech!
Drum reiß ich
alle aus!

10 Unterschiede: Im Wald

Fälschung

Original

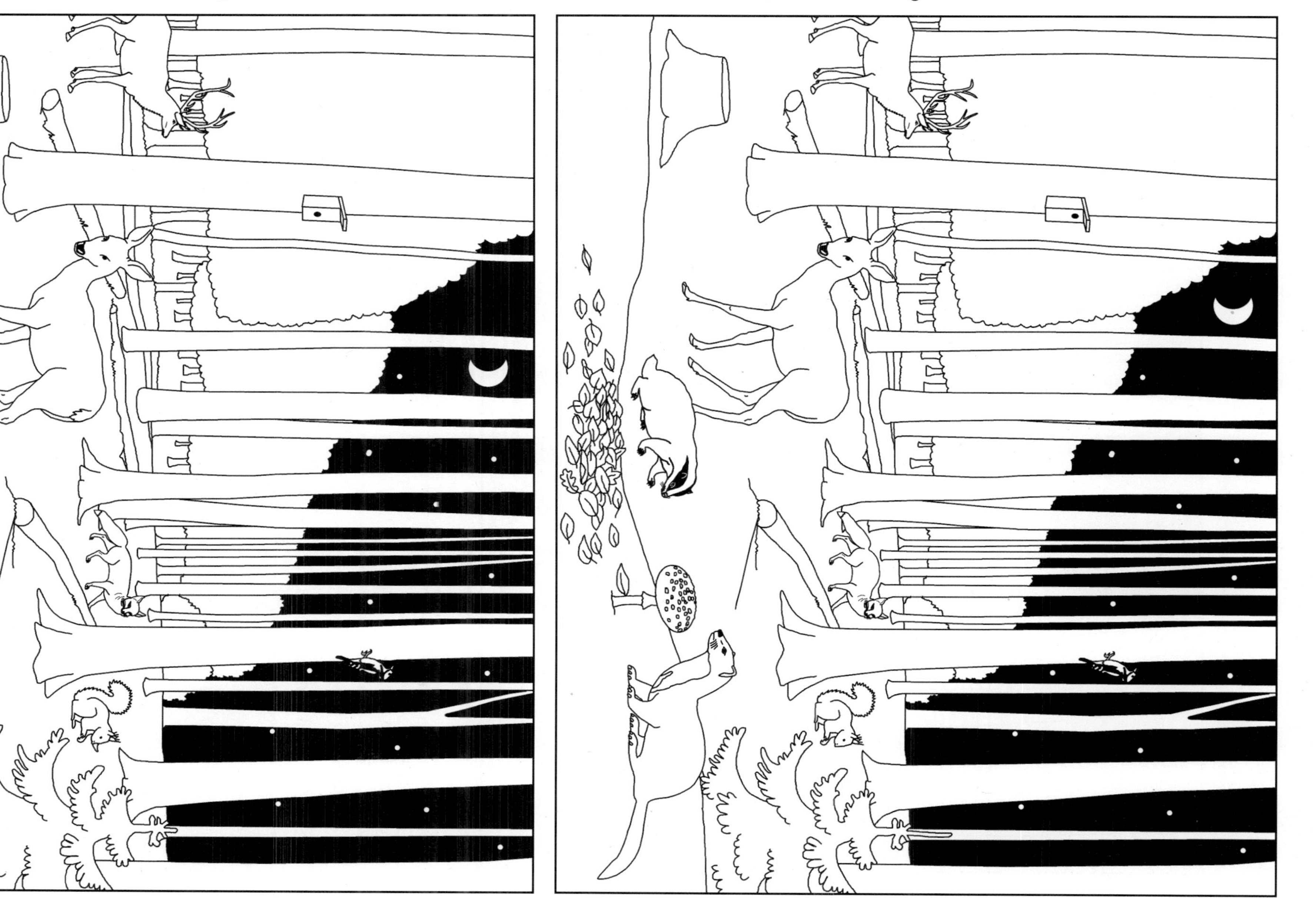

Im Wald

Akrostichon

Waldgespenst

Wer heult denn so schrecklich im Wald?
Ach, sieh nur die dunkle Gestalt!
Laternen, Laternen bringt her,
Denn ohne sie fürcht ich mich sehr!
Komm her nur, mein Kind, halt dich fest:
Am Eichenbaum baumelt ein Nest!
Und ists kein Gespenst? – Nein, mein Kind,
Zuweilen bewegt es der Wind.

Ein Akrostichon (Mz. Akrosticha) ist ein Gedicht, bei dem die Anfangsbuchstaben, -silben oder -wörter der Verszeilen ein Wort oder einen Satz ergeben.

Kindern kann man den Auftrag geben, einen sinnvollen Satz zu erfinden, bei dem die Anfangsbuchstaben jedes Wortes einen Sinn ergeben: **R**inder
Essen
Heu.

10 Unterschiede: Früchte

Fälschung

Original

Früchte

Es geht im Kreis herum

Lies im Kreis herum.

Bezeichne den Start mit einem Pfeil.

Erfinde eigene Schlangensätze.

KNACKEN WIR IM KELLER EINE HARTE NUSS, SO HÖREN WIR ES LAUT

SELBER IN DEN GRABEN WIR FÜR ANDERE EIN LOCH, FALLEN WIR BESTIMMT

FEIGE KERLE HOLEN KEINE NÜSSE VON DER PALME, SIE KLAUEN LIEBER EINE

10 Unterschiede: Gemüsemarkt

Original

Fälschung

Gemüsemarkt

Reime

Astronaut •	• Artischocke
Bauch •	• Sauerkraut
Diktat •	• Bohne
Geratewohl •	• Lauch
Giebel •	• Karotte
Idol •	• Spinat
Kanone •	• Kartoffel
Karate •	• Blumenkohl
Kirchenglocke •	• Rübe
Krone •	• Zwiebel
Lotte •	• Gurke
Pantoffel •	• Kohl
Schübe •	• Zucchini
Schurke •	• Melone
Bikini •	• Tomate

Mit den gefundenen Reimwörtern versuchen wir, Zweizeiler zu erfinden:

Ich fülle meinen **Bauch**
mit Gurken und mit **Lauch**.

Weshalb verspeist der **Astronaut**
im Weltall wohl kein **Sauerkraut**?

Ich kaufe aufs **Geratewohl**
mir einen blauen **Blumenkohl**.

Was sucht denn unsere **Lotte**?
Im Garten 'ne **Karotte**!

Beim Klang der **Kirchenglocken**
vertilg ich **Artischocken**.

Wer hat denn meine **Gurke**?
Simon, der kleine **Schurke**.

Oben auf dem **Giebel**
da steckt doch eine **Zwiebel**.

10 Unterschiede: Shopping Center

Original

Fälschung

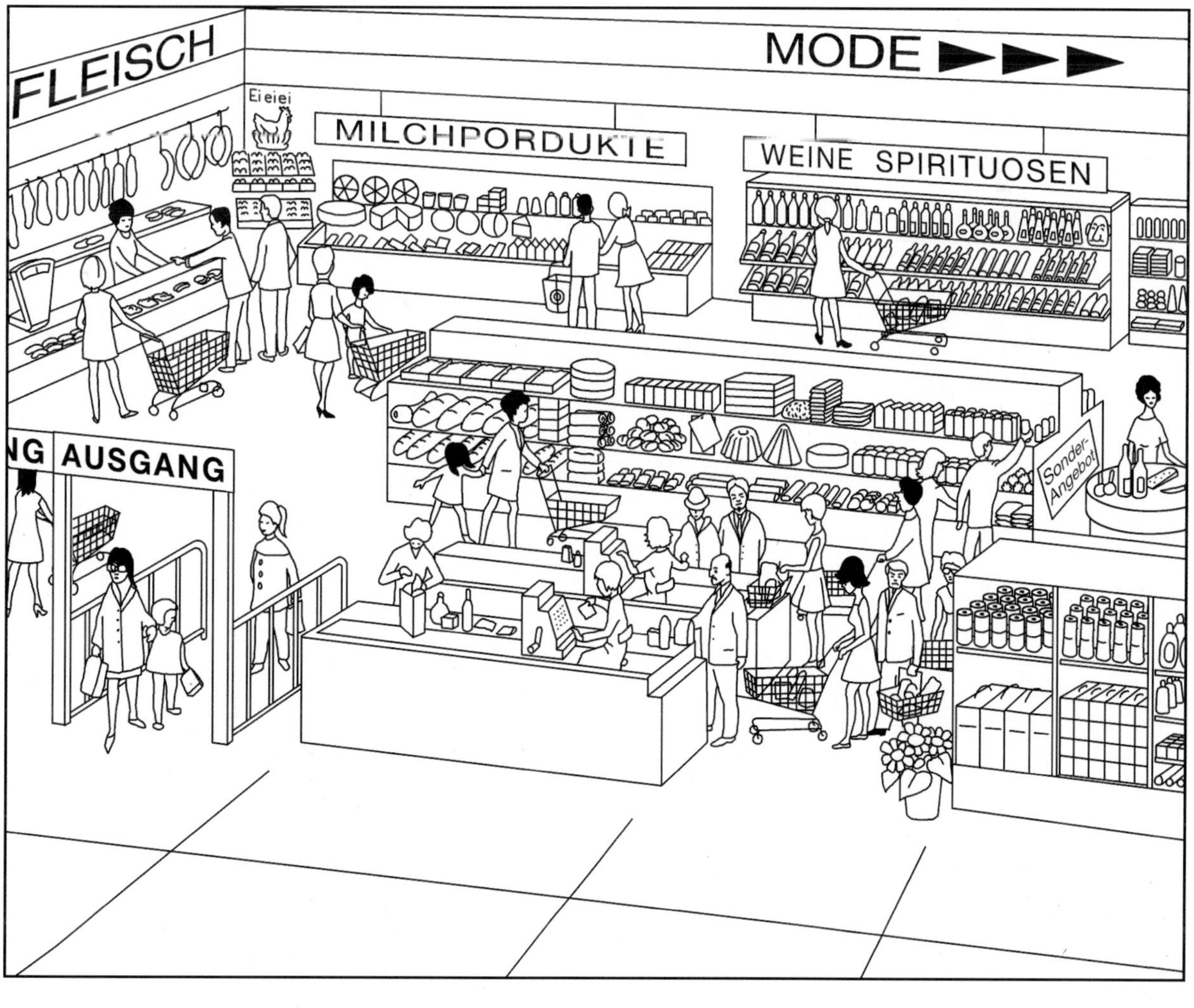

Shopping Center

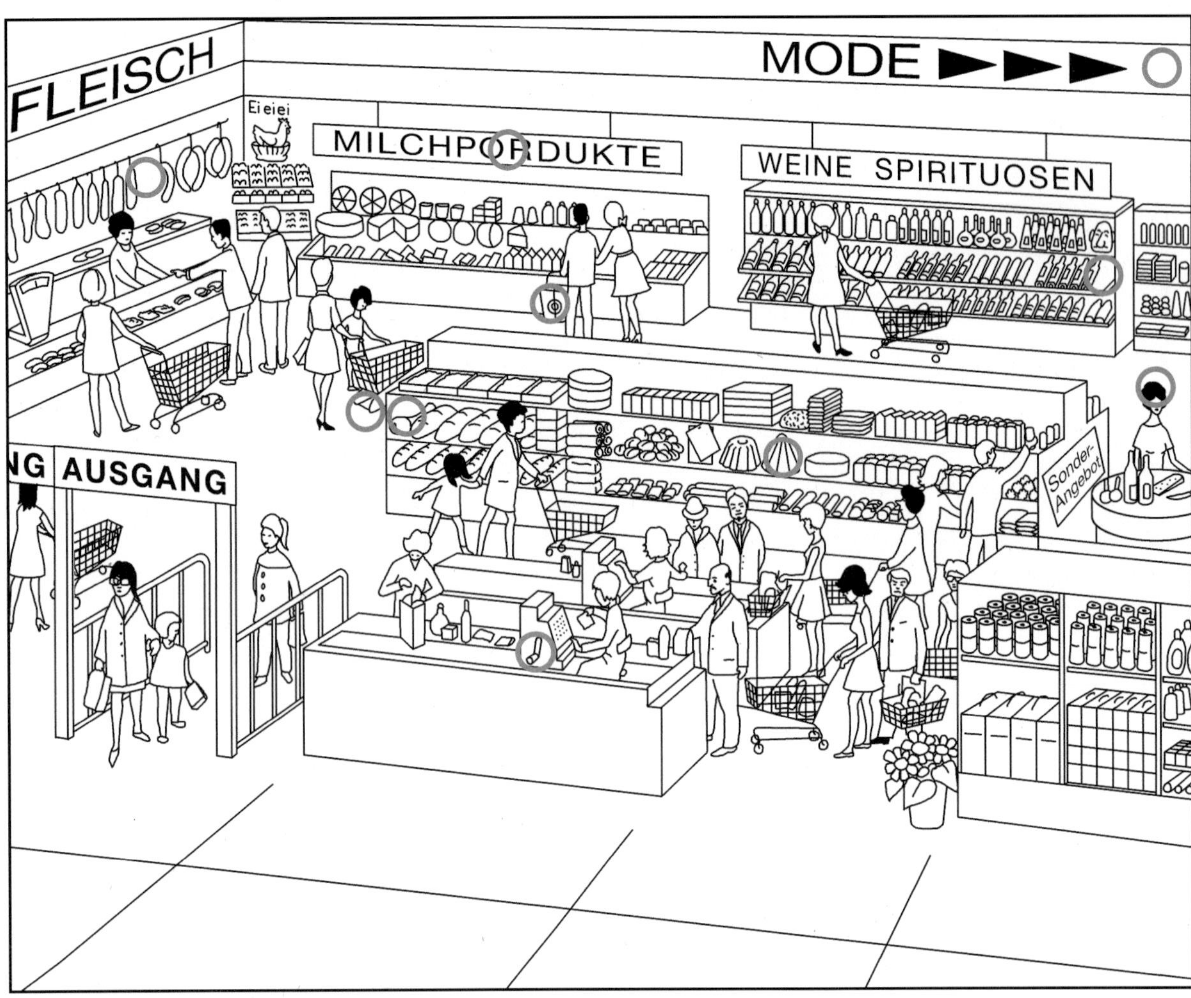

Oberbegriffe

Schreibe die folgenden Produkte unter dem passenden Oberbegriff in die Tabelle:

Apfel Banane Birne Bohne Braten Brot Butter Gurke Hose Käse Kohl Kuchen Mantel Milch Mütze Pfirsich Quark Salami Semmel Socken Speck Tomate Torte Wurst

Milchprodukte	Kleider	Gemüse

Früchte	Fleischwaren	Backwaren

10 Unterschiede: Wohnen (Puppenhaus)

Original

Fälschung

Wohnen (Puppenhaus)

Versteckte Wörter

Suche alle Wörter, die etwas mit einem Haus zu tun haben. Übermale sie.

TULPERAKETESALAMITÜRFAHRRADWALDBAUM
LEHRERSCHIFFUHUKAMINARZTBÄCKERBROT
REGENGEWITTERESSZIMMERSTURMEISHAGEL
MUTTERSOHNTREPPESEELAVABOVATERONKEL
MINUTEBADEZIMMERTAGBADEWANNESTUNDE
FENSTERSCHLAFZIMMERKLOSETTGELÄNDER
ROTKÜCHEBLAUKINDERZIMMERSTUBEBÄR
AALBODENGRÜNDUSCHEKELLERZIEGELKUH
ZOOBOILERGELBDACHBODENBADGARAGEHUT
MUTDECKEGOLDHEIZUNGDACHTEPPICHLOS
ZUGWANDWINDHERDSCHRANKBALKONREH

10 Unterschiede: Küche

Original

Fälschung

Küche

Wörterkette

Ziel: Es ist eine möglichst lange Wörterkette zu bilden, bei der das nächste Wort jeweils mit dem letzten Buchstaben oder Laut des vorhergehenden beginnen muss. Dabei dürfen nur Wörter verwendet werden, die etwas mit der Küche zu tun haben.

Beispiel:

Mixe**r** – **R**ührgerä**t** – **T**ablet**t** – **T**i**sch** – **Sch**ran**k** – **K**ell**e** – **E**ckschran**k** – **K**ru**g** – **G**la**s** – **S**ie**b** – **B**ese**n** – **N**ussknacke**r** – **R**eib**e** – **E**lektroher**d** – **D**ecke**l** – **L**öffe**l**

Etwas ergiebiger wird die Suche, wenn auch Lebensmittel eingebaut werden dürfen.

Kor**b** – **B**rombeer**e** – **E**isfa**ch** – **Ch**inakoh**l** – **L**appe**n** – **N**u**ss** – **S**al**z** – **Z**iton**e** – **E**rdbeer**e** – **E**ssbeste**ck** – **K**affeeautoma**t** – **T**ei**g** – **G**ewür**z** – **Z**ucke**r** – **R**ührschüsse**l** – **L**au**ch**

Spielform

Die Wörter werden als Bild auf Karten gezeichnet. Die Kinder versuchen, die Karten nach obiger Regel aneinander zu reihen.

Die Wörter werden auf Karten geschrieben. Die Kinder versuchen wieder, möglichst viele Karten nach obiger Regel aneinanderzureihen.

10 Unterschiede: Klassenzimmer

Original

Fälschung

Klassenzimmer

Wo beginnt ein neues Wort?

An jedem Zeilenanfang steht, aus wie vielen Wörtern der Satz besteht. Bezeichne die Stellen, an denen ein neues Wort beginnt.

8 SabinaschreibteinschwierigesWortandieTafel.
8 VorlauterAnstrengungbrichtihrdieKreideentzwei.
10 DervordereTeilfälltzuBodenundzerbrichtnocheinmal.
9 IndererstenReihesitztArnoundlachtlaut.
9 SabinamöchtesichamliebstenunterdemPultverkriechen.
13 DieLehrerinhebtdieKreideaufunddrücktsieArnoindieHand.
9 SchreibedujetztdasschwierigeWortandieTafel!
9 ArnostehtaufundschreibtmitÜberzeugungLockomotiefehin.
10 Niemandlacht,obwohlerdasWortganzfalschgeschriebenhat.
7 ArnomussdasWortimWörterbuchsuchen.
11 MitrotemKopfschreibternunLokomotiverichtigandieTafel.
12 InderPausebieteterSabinadieHälfteseinesleckerenApfelsan.

10 Unterschiede: Musik

Fälschung

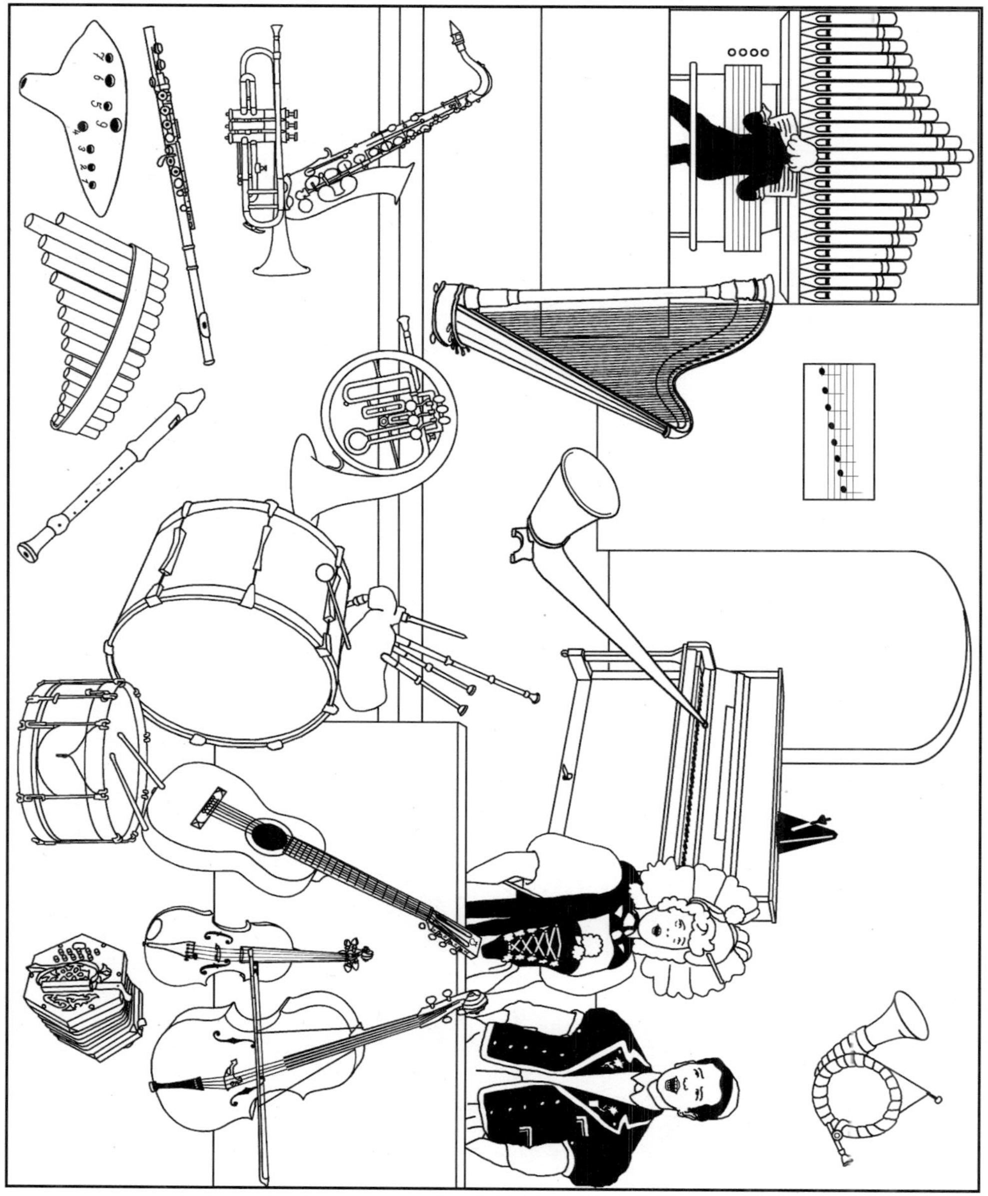

Original

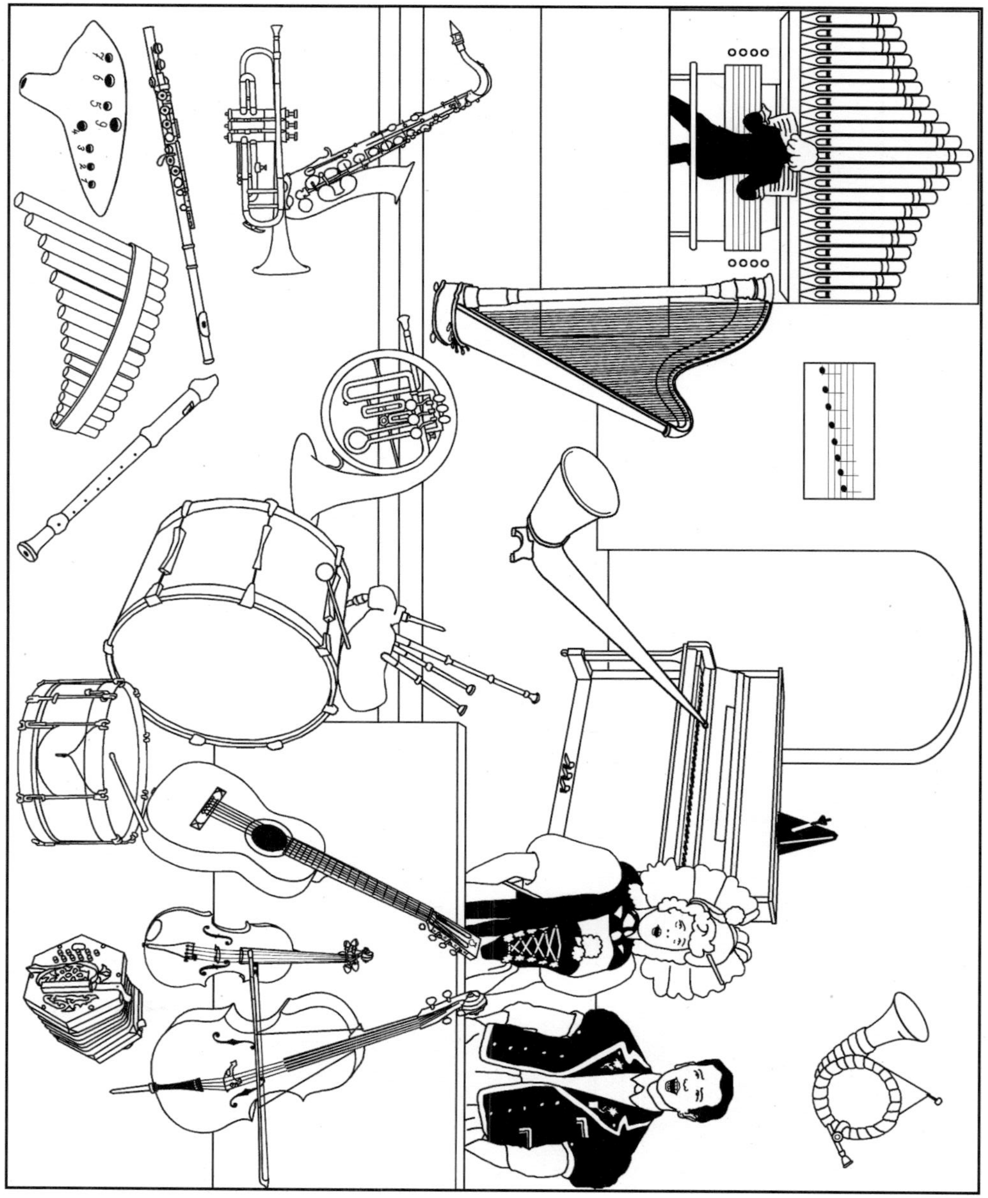

Musik

Instrumentensammlung (ohne elektronische Instrumente)

Saiteninstrumente
Bassgeige, Cello, Bratsche, Violine
Gitarre, Ukulele, Mandoline, Harfe, Cembalo
Hackbrett, Klavier, Flügel

Tasteninstrumente
Orgel, Klavier, Flügel, Cembalo

Blasinstrumente
Blockflöte, Oboe, Fagott, Klarinette, Querflöte, Piccoloflöte, Okarina, Saxophon, Dudelsack
Trompete, Tuba, Posaune, Horn, Jagdhorn, Fanfare, Alphorn

Schlaginstrumente
Cinelle, Becken, Gong, Triangel, Xylophon, Metallophon, Vibraphon, Maultrommel, Marimba, Glockenspiel
Pauke, Trommel, Kesselpauke, Djembe, Tamburin

Zungeninstrumente
Harmonium, Handharmonika, Mundharmonika, Melodica

10 Unterschiede: Zirkus

Fälschung

Original

Zirkus

Jonglieren mit Buchstaben

In jedem Ring stecken die Buchstaben für einen Zirkusberuf. Schreibe ihn darunter.

C W L N O	O R I K N T A A B	O G E U R N J L	D T P U O E M R
T R Z L S E E N I Ä	E S I U K M R	M M E U R R G I N L N	E D T R N K I R O I